DON CARLOS

PAR

LE V^IE DE ***,

ANCIEN ÉLÈVE DE L'ÉCOLE POLYTECHNIQU

PARIS

CHARLES DOUNIOL ET Cie, LIBRAIRES-ÉDITEURS

29, RUE DE TOURNON, 29

1874

DON CARLOS

« Les rois s'en vont, » s'écriait un orateur après la chute du trône de Charles X, et chacun a répété ce mot, les uns saluant l'aurore d'une république universelle, les autres, s'effrayant des catastrophes dont l'Europe est menacée. Depuis cette époque, la Révolution a continué son œuvre sans laisser voir au bout de sa course autre chose que le néant. Aussi, bien des rêveurs qui avaient cru découvrir en elle des germes de vie pour une société nouvelle, détrompés par l'expérience, tournent-ils les yeux vers cette race royale qui, à travers des jours de malheur ou de gloire, a maintenu, pendant huit cents ans, la patrie française au premier rang parmi les nations.

Appelé par un peuple héroïque qui ne recule devant aucun sacrifice pour vivre sous le sceptre de ses rois, un fils de la Maison de Bourbon a déjà reconquis une part de son héritage. Je voudrais pouvoir montrer Charles VII s'avançant triomphalement en Navarre et dans les Pays-Basques, entouré des représentants de la vieille noblesse castillane, au milieu des acclamations d'une foule en délire où son cheval se fraye avec peine un passage. Partout des drapeaux étalant la noble devise : Dieu, Patrie et Roi ; partout le son des cloches, les accents de la Marche royale se mêlant aux cris mille fois répétés de « Vive Charles VII ! » Les volontaires, heureux d'avoir reçu des armes, marchent au feu comme à une fête ; la prudence des généraux contient difficilement leur ardeur. Les femmes elles-mêmes vont, jusque sur le champ de bataille, secourir les blessés, et leur enthousiasme égale celui des soldats. A l'affaire de Dicastillo, une mère, voyant son fils aux avant-postes et le Prince en danger, s'écriait : « Mon Dieu, prenez mon fils, mais que le Roi soit sauvé ! »

Si l'Espagne, plus qu'une autre nation, est en proie à la guerre civile, c'est qu'ici les *vieux chrétiens* se lèvent pour refouler l'invasion révolutionnaire : voilà, précisément, son gage de salut; quel homme de cœur n'admirerait tant de foi, de générosité, de grandeur d'âme, chez ces populations animées tout entières de l'héroïsme d'un autre âge ! Les Espagnols disent qu'ils ont mis huit cents ans à chasser les Maures, en commençant, comme de nos jours les carlistes, leur campagne aux monts Cantabres; lorsqu'on leur parle de souffrances, de revers, ils répondent : « No importa! » peu importe. Oui, peu leur importe d'être vaincus, fusillés, emprisonnés, ruinés, incendiés, envoyés aux galères ou à Cuba, exilés pendant trente années; ne combattent-ils pas à côté de leur roi les yeux fixés vers le ciel; ne comptent-ils pas sur une autre vie, ne meurent-ils pas avec l'espoir que leur cause triomphera un jour? S'il ne reste à leurs fils, pour tout héritage, que la perspective de reprendre les armes pour Dieu et pour le Roi, ces fils auront, du moins, le droit d'être fiers de leur nom et de leur pays : c'est à ce prix que les Espagnols paient leur *orgueil castillan.*

« Soyons dignes de ceux qui nous défendent, » a coutume de dire Don Carlos; plein de modestie, il se croit toujours moins de mérite qu'à ses soldats ; il oublie ses propres actions pour admirer les leurs, et témoigne, sans cesse, pour leur bien-être, la plus vive sollicitude. Sa constante préoccupation est de pouvoir récompenser, plus tard. leur dévoûment à tous, tâche difficile pour un prince entouré de cent mille défenseurs dont le désintéressement rehausse encore la vaillance. Aussi le rencontre-t-on visitant les hôpitaux, entretenant familièrement tout le monde, se faisant le commensal des soldats, des paysans. L'union la plus intime règne entre le peuple et le Roi : chacun de ceux qui l'ont connu en parle comme d'un ami. On sent qu'il est toujours heureux d'accorder une faveur ; lorsqu'il n'est pas certain de pouvoir accueillir une demande, il commence, quoiqu'à regret, par la repousser, aimant mieux avoir à revenir sur un refus que sur un consentement, et se faisant souvent lui-même, auprès de ses généraux, l'avocat du postulant. D'un esprit pénétrant, Charles VII, instruit par l'expérience, se montre calme et froid avec les hommes politiques, avec les étrangers qui l'approchent. Il écoute sans se livrer, interroge, et réserve son jugement. Mais, sous cette enveloppe officielle, se cache un cœur ardent prêt à s'enflammer pour toutes les belles et nobles choses. Les grandes pages de l'histoire, les traits de générosité dont il est chaque jour témoin, font vibrer les cordes de cette âme virile : « Que Dieu nous accorde ou non la victoire, disait-il un jour, je veux que cette guerre soit un sujet de poëme. » Il semble ne vivre que pour son œuvre. Inaccessible aux séductions de l'intérêt ou du bien-être, dur pour lui-même, brave jusqu'à la témérité, tendre et dévoué pour les siens, fidèle à ses amis qu'il n'abandonne jamais, excusant leurs défauts, ne voulant voir que leur désir de bien faire, il sait inspirer ce dévoûment personnel qu'un prince n'acquiert et ne récompense qu'en accordant une place dans son cœur. Son armée lui fait deux reproches : de trop s'exposer pendant la bataille, d'être trop clément après la victoire : « N'est-ce pas un peu ainsi, répond-il en souriant, que faisait Henri IV ? »

Don Carlos est d'une taille élevée ; ses traits mâles et réguliers rappellent ce que nous connaissons des fondateurs de sa race ; Dieu lui a donné l'esprit et le cœur d'un roi ; personne, mieux que lui, ne peut faire revivre dans notre siècle une de ces grandes figures de héros couronnés dont ses ancêtres ont offert de si glorieux exemples, et ceux qui viendront admirer dans le royaume de Charles VII, les prodiges que peuvent accomplir, avec de faibles ressources, la foi et la volonté, s'écrieront comme nous : « Les rois reviennent ! »

I.

Charles de Bourbon et d'Autriche naquit le 30 mars 1848; son père, l'infant don Juan, deuxième fils de Charles V, roi d'Espagne (le Comte de Molina), avait épousé la princesse Marie-Béatrice d'Este, sœur de Madame la Comtesse de Chambord.

Don Carlos et son frère Don Alphonse (né le 12 sept. 1849) furent élevés jusqu'en 1859 à la cour de leur oncle François V, Duc de Modène. Depuis l'invasion des États de ce prince, la famille royale habita successivement Prague, Trieste et Venise. D'un esprit cultivé, d'une piété angélique, l'Infante Marie-Béatrice inspira à ses enfants ce sentiment profond du devoir qui les anime aujourd'hui. Elle les formait, par son exemple, à toutes les vertus privées, mais elle avait puisé, dans la vue des malheurs de la Maison de Bourbon, à laquelle elle s'était alliée, une aversion sans bornes pour le pouvoir : songeant surtout à préserver ses fils des dangers de la guerre civile, elle cherchait à les détourner de prendre une part active à la politique. Don Juan ne désirait pas davantage les voir disposés à renouveler les entreprises de Charles V et de Charles VI contre le gouvernement établi à la mort de Ferdinand VII.

Malgré cette double influence, le jeune prince se préoccupa de bonne heure de la situation de son pays. Plus sa raison se développait, plus il s'intéressait à l'étude de l'histoire, qui lui parlait à chaque page de la grandeur de ses ancêtres. C'est sous la Maison de Bourbon, et sous d'autres princes dont il est à la fois le descendant et l'héritier, que la France et l'Espagne étaient devenues si puissantes et si glorieuses. Don Carlos s'affligeait du triste état où sa patrie était réduite; il rêvait de lui rendre un jour le repos et la prospérité, et les rares vétérans de la Guerre de sept ans, qui venaient lui ap-

porter leurs hommages, voyaient déjà en lui leur futur général.
Don Raphaël Tristany, dans une visite à Frohsdorf en 1864, au
retour d'un voyage à Trieste, était encore sous le charme des
qualités d'esprit et de cœur qu'il avait rencontrées chez le
jeune prince, pour lequel il devait bientôt reprendre les armes.

L'Infante Marie-Béatrice et ses deux fils occupèrent longtemps, à Venise, un palais situé en face de ceux de Monsieur le Comte de Chambord et de sa sœur, Madame la Duchesse de Parme. Les jeunes infants s'étaient pris d'une vive
amitié pour les princes de Parme ; ils passaient une partie de
leur temps les uns chez les autres, et, quand ils étaient sépa-
rés, un télégraphe enfantin servait parfois à charmer les longues heures d'étude.

Après la mort de Madame la Duchesse de Parme, au commencement de 1864, sa fille aînée, la Princesse Marguerite vint
habiter chez Monsieur le Comte de Chambord qui l'aimait et la
traitait comme sa fille. C'est au palais Cavalli que l'Infant Don
Carlos la connut et ne tarda pas à l'apprécier. Je n'entrepren-
drai point de faire le portrait de la jeune princesse : l'historien
paraîtrait se transformer en courtisan ; trop de gens d'ailleurs
connaissent, en France, la digne fille de Mademoiselle. Sous
l'œil de Madame la Comtesse de Chambord grandit cette af-
fection mutuelle qui devait appeler la petite-fille du Duc de
Berri à perpétuer la race de Louis XIV. Le mariage fut célébré
à Frohsdorf, le 4 février 1867, par le Nonce du Pape à Vienne.
Désormais les nouveaux époux, s'appuyant avec confiance
l'un sur l'autre, pouvaient porter ensemble le fardeau de la
lutte et du pouvoir, résister aux adulations d'une cour comme
aux tempêtes populaires.

Les premiers mois de leur union s'écoulèrent dans la Haute-
Autriche, à Ebenzweier, résidence que Monsieur le Comte de
Chambord avait mise à leur disposition. Dans les palais des
rois d'Espagne, ils n'oublieront jamais ces premiers jours de
bonheur passés au bord du lac de Gmunden, au pied du sau-

vage rocher du Trauenstein, au sein de la nature grandiose et poétique du Salzkammergut, dans cette demeure moitié château et moitié couvent, aux planchers de sapin, aux murs blanchis à la chaux, que l'archiduc Maximilien, religieux et soldat, s'était plu à habiter. Le trône d'Isabelle semblait affermi; quelques rares serviteurs de la Maison de Bourbon venaient seuls offrir leurs hommages au petit-fils de Charles V, à l'arrière-petite-fille de Charles X. De ce nombre, fut le général Cabrera, regardé alors par Don Carlos comme un héros légendaire et comme son meilleur ami.

L'Infante Marie-Béatrice et Don Alphonse les avait accompagnés dans cette retraite. Les deux frères s'entretenaient souvent de ce qu'ils devaient à Dieu et à leur pays; le plus jeune se disposait à donner un éclatant exemple d'abnégation, en s'engageant comme simple soldat dans les zouaves pontificaux.

A la fin de 1867, la famille royale s'établit à Graz. La jeune Princesse voulut diriger elle-même une installation qu'elle croyait devoir être durable; pleine d'esprit et de gaîté, elle donnait des fêtes où elle apportait autant de dignité que de grâce.

II.

Depuis la mort de Charles VI (le Comte de Montemolin), en 1861, Don Juan était devenu le chef de la branche espagnole de la Maison de Bourbon, et, par conséquent, le roi légitime d'Espagne. Cependant, témoin des tentatives glorieuses, mais infructueuses, de son père et de son frère, il ne croyait pas possible de renouveler leurs entreprises. Il avait donc renoncé à faire valoir ses droits, et le parti royaliste était resté privé de direction.

Don Carlos, désirant connaître les principaux chefs de ce parti, au moment où de graves événements s'annonçaient en

Espagne, se rendit à Paris vers le milieu du mois de septembre 1868. Il descendit chez un ancien officier de Charles V, et ce fut pendant un court voyage dans le centre de la France qu'il apprit la chute de Doña Isabel.

Quelques jours plus tard, le 3 octobre, Don Juan abdiqua solennellement, à Paris, en faveur de son fils. Pour tous les royalistes, Don Carlos devint le roi Charles VII; il prit, dans les relations extérieures et publiques, le titre de Duc de Madrid et fit part de son avénement aux différentes cours de l'Europe.

La nouvelle reine quitta Graz le 12 octobre, trente-cinq jours seulement après la naissance de sa fille aînée, Doña Blanca, et rejoignit Charles VII à Paris, avec la résolution inébranlable de partager les travaux, les triomphes ou les revers de son mari.

Le couple royal s'installa rue Chauveau-Lagarde où un grand nombre de nos amis allèrent le saluer. Napoléon III fit inviter Don Carlos à ne point conspirer contre la régence espagnole; le prince répondit que la politique étant, au contraire, la seule raison de sa présence à Paris, dès l'instant où il ne serait plus libre de recevoir ses partisans, il quitterait la France. L'Empereur se contenta, à cette époque, de faire étroitement surveiller le jeune *prétendant*.

Après l'abdication de son père, le Duc de Madrid adressa à Don Alphonse, à Rome, une lettre-manifeste où il exposait le programme de la royauté catholique qu'il espérait rétablir en Espagne. Tous les hommes politiques connaissent cette belle et simple page reproduite par la presse entière. (Voir à la fin de cette brochure.)

Doña Isabel s'établit à Paris pendant le séjour de Don Carlos. Elle lui fit demander de venir la voir. Charles VII ne pouvait ni se prêter à une telle prétention, ni exiger de la princesse une première démarche : il lui donna rendez-vous dans une allée du bois de Boulogne. Pendant cette entrevue, Isabelle proposa à Don Carlos de renoncer à ses droits et de devenir régent au nom d'Alphonse XII, qui serait fiancé à l'infante au berceau, Doña Blanca ; elle alléguait qu'en réunissant les forces de deux partis, une restauration serait facile. Charles VII répondit qu'un autre accepterait peut-être le pouvoir afin de renverser le prince qu'il serait chargé de défendre, mais que lui, fidèle à sa parole, s'étonnait d'entendre sa cousine lui offrir une combinaison destinée à dérober la couronne soit à son frère, soit à son fils, s'il en avait un. « Autrefois, ajouta-t-il, tu étais reine de fait, et moi, roi de droit ; aujourd'hui je suis toujours roi de droit, mais toi, tu n'es plus rien. Aussi je ne pourrais faire autre chose que de te rouvrir l'Espagne et de t'y recevoir avec les honneurs dus à ton rang. » Après une longue conversation sur l'autorité de la loi salique, Doña Isabel convint que, comme Espagnole, elle reconnaîtrait volontiers Charles VII, mais que, comme mère, elle ne pouvait dépouiller son fils de ses propres mains. On devait prévoir que ces explications, provoquées par elle, n'amèneraient aucun résultat.

Monsieur le Comte de Chambord rappela à ses amis qu'il leur serait reconnaissant d'appuyer la cause espagnole. Même avant cette haute intervention, Don Carlos avait déjà reçu, de toutes parts, les marques d'une respectueuse sympathie ; les journaux légitimistes lui prêtèrent leur concours ; un certain nombre de royalistes mirent à sa disposition des ressources qui, pour être peu de chose comparées aux dépenses d'une guerre, n'en furent pas moins extrêmement utiles, et témoignaient du lien qui existe entre les défenseurs du droit traditionnel.

Suivre le jeune roi à Paris, au milieu des visiteurs dont il était assailli, serait chose impossible. Lui-même a dit souvent, depuis, qu'une protection visible de la Providence avait pu, seule, le garantir des mille piéges qui lui étaient tendus. A côté des glorieux débris de la Guerre de sept ans, de ceux qui venaient offrir leur sang et leur fortune à Charles VII comme ils l'avaient offert à Charles V et à Charles VI, s'était glissée une nuée d'intrigants. Les uns voulaient obtenir du Roi des titres et des décorations, les autres, Espagnols, Français, Hollandais, espéraient spéculer sur son nom et remplir leurs caisses à ses dépens, comme aux dépens de ses partisans. Les circonstances ne permettaient guère qu'une combinaison financière vraiment utile pût être proposée. Le dévoûment seul des carlistes fournit quelques sommes, auxquelles la reine Marguerite joignit le produit d'un emprunt fait par elle sur ses joyaux.

Malgré l'exiguïté des ressources, un mouvement fut décidé au printemps de 1869. Un *Pronunciamiento* devait éclater dans la citadelle de Pampelune et devenir le signal d'une insurrection générale contre le fantôme de gouvernement présidé par Serrano. L'essai fut tenté : le marquis de Las Hormazas, entre autres, pénétra dans le fort ; mais la garnison tira sur les carlistes, le marquis fut blessé et traduit devant un conseil de guerre avec ses compagnons. Les chefs du mouvement dans les autres provinces ne purent être prévenus à temps de cet échec ; ils prirent les armes sur plusieurs points : faute de cohésion et de moyens matériels, ces détachements furent successivement vaincus. On fusilla en masse les carlistes ; l'un des plus influents et des plus renommés, Balanzategui, dont le nom mérite d'être conservé par l'histoire, averti qu'une embuscade lui était tendue au rendez-vous qu'il avait donné à ses hommes, refusa de séparer son sort du leur ; il fut fait prisonnier pendant qu'il essayait de les rejoindre, et reçut héroïquement la mort en recommandant au Roi sa femme et ses enfants.

Beaucoup d'autres traits de dévoûment signalèrent cette courte campagne, pendant laquelle le défaut d'armes ne permit jamais aux carlistes de se réunir sur aucun point en nombre suffisant pour que le Roi pût venir se mettre à leur tête.

Espérant de jour en jour que les circonstances changeraient, il s'était rapproché de la frontière, où il eut à déjouer la police impériale qui lui avait interdit le séjour des Pyrénées. La Reine alla le rejoindre dans le courant de l'été.

Au mois de septembre, les carlistes avaient déposé les armes, et Napoléon III exigeait que le Roi sortît de France. Il partit ponr Genève, d'abord, où il résida à l'Hôtel de la Métropole ; puis il s'établit, vers le mois d'octobre, au châlet de La Faraz, près de Vevey, et s'entoura d'un grand nombre d'Espagnols.

Cette idée qui le dominait, depuis son enfance, de sauver la malheureuse Espagne et de consacrer tous ses instants à un si noble but, le préoccupait alors plus que jamais. Il voyait s'ouvrir devant lui un vaste champ d'études; ne laissant échapper aucune occasion de recueillir des renseignements utiles, il apprenait chaque jour à connaître les hommes, et, circonstance bien rare, c'était en dirigeant un grand parti, sans posséder la puissance qui attire les flatteurs et éblouit les rois, que ce jeune prince se préparait à monter sur le trône. Déjà il avait reconstitué ce parti, dont les chefs, épars sur tous les points du monde, étaient naguère unis par leurs regrets plutôt que par leurs espérances. Par son intervention personnelle, le Roi les groupait, relevait leur courage; il jetait les bases d'une nouvelle armée, d'un nouveau gouvernement, en appelant à lui non-seulement le vieux parti carliste, mais encore tous ceux qui, ayant servi avec honneur Doña Isabel, avaient reculé d'épouvante à la vue de l'abîme révélé par sa chute. L'Espagne avait tressailli au cri de « Vive le Roi ! » et la conviction était née au fond des cœurs que le jeune prince régénèrerait son pays. Sans se laisser décourager par un premier échec, il conservait une foi inébranlable dans l'avenir : « Peut-être, disait-il, dans dix ans serai-je encore en exil ; mais, à moins de mourir jeune, je règnerai sur l'Espagne. Les peuples marchent vers la démagogie, et, comme c'est une négation sur laquelle rien ne peut être fondé, un jour viendra bientôt où ils rebrousseront chemin. »

III.

Après Zumalacarregui, Cabrera avait été le héros de la Guerre de sept ans ; sa bravoure, ses talents militaires l'ont rendu célèbre dans le monde entier. Au moment où il quitta l'Espagne, en 1840, il fut reçu avec enthousiasme par les royalistes français. Une Anglaise, séduite par la réputation chevaleresque du comte de Morella, voulut, quoique protestante, partager son sort, et lui apporta en dot une immense fortune.

Pendant son séjour à Paris, Don Carlos fut vivement sollicité de mettre à la tête de ses affaires celui qui était regardé alors comme le personnage le plus important du parti carliste, et le plus capable de le faire triompher. Le Prince y consentit, et, dès 1869, des juntes furent établies dans toute l'Espagne par le comte de Morella.

Au bout de peu de mois, le Roi reconnut qu'au lieu de seconder les vues de son souverain, le général tendait à y substituer les siennes. Repoussant toute idée d'un appel aux armes, il se déclarait libéral, c'est-à-dire rallié aux opinions du parti qui prend ce titre, et proclamait que Don Carlos ne pouvait rentrer en Espagne qu'en adoptant les principes contre lesquels Charles V avait combattu, avec tous les catholiques, pendant sept ans. Le Roi essaya, d'abord, de le ramener dans la ligne que le général avait suivie avec tant de gloire, et, pour lui prouver à quel point ses anciens services étaient appréciés, Charles VII lui envoya, accompagné de la lettre la plus flatteuse, le collier de la Toison-d'Or porté jadis par Charles V ; il voulait désigner Cabrera comme le premier sujet du royaume, comme celui qui devait, le premier, donner l'exemple de l'obéissance, et « élever le comte de Morella assez haut pour que, si l'orgueil le faisait tomber, il se brisât dans sa chute. » Le général refusa cette suprême faveur : c'était annoncer clairement ses intentions. Le Roi résolut alors de prendre, dans une circonstance si grave, l'avis des principaux représentants du parti carliste; l'occasion s'en présenta bientôt.

Le 17 juin 1870 naissait à Vevey un prince qui fut baptisé, en grande pompe, par l'Évêque de Daoulia, sous le nom de *Jaime* (Jacques) en souvenir de deux de ses plus illustres ancêtres. Il fut salué *Prince des Asturies* par une députation de cette province qui, au moyen d'une souscription populaire couverte par des milliers d'offrandes, lui fit hommage de la croix traditionnelle, symbole du titre de l'héritier de la couronne d'Espagne, et de l'antique gloire des populations cantabriques. Don Carlos appela, pour assister aux cérémonies du baptême, les grands d'Espagne et les généraux fidèles à la cause royale, les membres des juntes provinciales, l'élite des écrivains, des orateurs carlistes, qui, réunis au nombre d'une centaine, formèrent ce qu'on appela la *Junte de Vevey*.

Avant de les laisser repartir, le Roi exposa à cette assemblée, avec les documents à l'appui, la manière dont le général Cabrera comprenait la mission qu'il avait reçue de son souverain, ajoutant combien il était peiné d'avoir à blâmer le plus célèbre défenseur de Charles V, et faisant appel aux lumières de l'assemblée pour les mesures à prendre dans l'intérêt du parti carliste. Don Carlos se retira ensuite, et la Junte, après avoir délibéré en son absence, émit l'avis unanime que le Roi devait retirer au comte de Morella les pouvoirs qui lui avaient été confiés.

Tout le monde s'accorda, dans cette circonstance, pour louer la sagesse et la fermeté de Charles VII. A vingt-deux ans, il avait su acquérir assez d'ascendant personnel pour éloigner un homme qui, par ses services passés, par ses talents, par ses relations, semblait lui être imposé comme ministre, comme guide, comme tuteur même. La décision de Vevey ne souleva

aucune objection, même parmi les amis de Cabrera ; s'ils cher-
chèrent, plus tard, à susciter quelques embarras à Don Carlos,
ils n'allèrent jamais à une opposition ouverte, et personne ne
vint grossir leur parti.

Le roi s'entoura d'un conseil d'hommes éclairés, investis de
l'estime, de la confiance publiques. Le général Élio, déjà célèbre alors, le marquis de Villadárias, qui conserva la prési-
dence de la Junte centrale, où il avait été appelé en janvier
1870, le comte d'Orgaz, le sénateur Aparizi le secondèrent
dans la direction des affaires qu'il prit lui-même en mains.
Plusieurs officiers démissionnaires de l'armée espagnole vinrent se mettre à la disposition du Roi. L'un deux, Don Emilio
de Arjona, ancien commandant d'état-major, s'occupa active-
ment de rechercher des adhésions à la cause carliste parmi ses
camarades restés en fonctions. Elles arrivèrent nombreuses,
mais la suite a montré que ces promesses étaient peu sincères,
ou que, du moins, ceux qui les avaient faites étaient impuissants
à se faire suivre de leurs soldats.

Don Carlos fit paraître une ordonnance supprimant, dans les
états-majors carlistes, la distinction du grade et de l'emploi,
abus demi-séculaire qui offre un élément si puissant aux auteurs de *pronunciamientos* et porte une si grave atteinte à la
dignité du commandement (1).

Vers la même époque, Charles VII revit la liste de ceux

(1) Pendant la Guerre de l'indépendance contre Napoléon, de riches pro-
priétaires, des paysans, jusqu'à des contrebandiers, levèrent des *guérillas*,
des bataillons, quelquefois des brigades entières pour combattre les forces
françaises ; ils déployèrent une valeur à laquelle chacun a rendu justice. A
la paix, le gouvernement ne pouvait annuler des grades conquis au prix du
sang et des plus durs sacrifices ; mais, soit que les cadres fussent remplis,
soit qu'on n'osât pas confier des commandements de colonels ou de généraux
à des hommes sans instruction première, on fut obligé de donner à ces officiers des emplois inférieurs à leurs grades. De là l'usage, encore en vigueur
aujourd'hui dans l'armée républicaine, de la double situation des militaires
espagnols ; le grade (galons) règle la solde et les honneurs rendus en dehors
du service ; l'emploi (étoiles) détermine les fonctions de l'officier et les hon-

qu'il avait décorés, titrés, avancés pendant son séjour en France. Il y trouva bien des noms qu'au moment du danger ou du sacrifice il n'avait pas entendu prononcer, tandis qu'une foule de carlistes, absents lorsqu'il distribuait des grâces, n'étaient accourus que pour offrir leurs services. Éclairé par cette épreuve décisive, il suspendit, par une ordonnance, l'effet de tous les brevets accordés jusque-là, se réservant de les confirmer ou de les annuler selon la conduite que tiendraient les titulaires lorsque, entrant en Espagne, le Roi réclamerait leur concours. C'était un sûr moyen, pour le prince, de rehausser le prix de ses faveurs, en forçant à les mériter. Les étrangers furent exceptés de cette mesure, le Roi n'ayant pas d'ordres à leur donner et ne leur payant guère que les dettes de Charles V.

IV.

On ne connaît que trop les événements malheureux dont les intrigues du général Prim pour appeler en Espagne le prince de Hohenzollern devinrent le signal. Avant d'offrir la couronne à un étranger, le premier ministre avait fait des ouvertures à Don Carlos qui, mettant les forces du parti carliste au service de ses plus cruels ennemis, aurait régné, enfermé dans son palais, tandis que Prim ou ses successeurs auraient gouverné sous son nom. L'héritier de Charles-Quint rejeta ces propositions; une pareille consécration des principes révolutionnaires aurait arraché à l'Espagne son dernier moyen de salut. Les chefs des deux branches de la Maison de Bourbon issues du Grand Roi, devaient, à trois ans de distance, donner le même exemple d'honneur et de désintéressement.

neurs qu'il reçoit lorsqu'il marche avec sa troupe. On peut ainsi, sans changer, au moins en apparence, la constitution d'une armée, la gratifier d'un ou de plusieurs grades, depuis le soldat jusqu'au général, payer en masse tous les adhérants d'un soulèvement militaire triomphant, et provoquer les *pronunciamientos* si funestes à l'Espagne.

Par ses relations de famille, Madame la Duchesse de Madrid apprit, avant les diplomates français, les démarches de Prim, et, saisissant avec empressement une occasion de rendre service à la France, elle en fit prévenir Napoléon III.

Le simple bon sens commandait au gouvernement français de favoriser Don Carlos, qui, au moyen de quelques subsides, pouvait être promptement en état de tenir en échec le gouvernement de Madrid. Le prince vint à Paris avec l'espoir de profiter des événements. Il fit dire textuellement à Napoléon III « que le général Prim venait d'arracher une aile à l'aigle impérial en Amérique, qu'il s'apprêtait à arracher l'autre en Europe, et que seul, lui, Don Carlos, en détruisant le pouvoir du comte de Reus, pouvait empêcher la France de devenir la victime de ses conspirations. » Effectivement Napoléon parut s'engager dans cette voie ; il entra en négociations avec le Duc de Madrid, annonçant qu'il lui ouvrirait un crédit de quinze millions, et laisserait la frontière libre, à condition que les carlistes n'opéreraient pas au grand jour. Depuis bien longtemps déjà, les royalistes dévoués avaient réuni, dans les provinces Basques surtout, les sommes nécessaires à l'achat et à l'introduction de quelques milliers de fusils ; à ce moment même, au mois de juillet 1870, un navire chargé d'armes était en mer sur les côtes de France, près de la frontière catalane. Le débarquement fut commencé et les armes furent dirigées vers l'Espagne par Céret. Mais les dispositions de l'Empereur changèrent subitement, le télégraphe apporta à Perpignan l'ordre de saisir ce convoi, et Napoléon fit annoncer à Don Carlos que Prim s'était répandu en excuses, renonçait au prince de Hohenzollern et à tout ce qui pouvait déplaire à la France ; que M. de Olozaga, ambassadeur d'Espagne, était venu se jeter à ses pieds d'une façon si humble et si soumise, qu'il n'avait pu lui refuser son *pardon* et l'avait relevé en lui donnant le grand-cordon de la Légion d'honneur, « comme on caresse un chien couchant. » En conséquence, l'empereur prévenait, avec regret, le Duc de

Madrid, qu'il ne devait plus compter sur l'appui de la France, obligée d'assurer la tranquillité des Pyrénées. Deux jours après, Napoléon signifia à Don Carlos que les circonstances politiques exigeaient que le prince quittât la France dans les vingt-quatre heures ; la police le reconduisit en effet, le lendemain, à la frontière suisse. Ainsi, le dernier jour de la puissance impériale était marqué par une politique aveugle et contraire aux intérêts nationaux, accompagnée d'une insulte au fils de Louis XIV.

A la faveur des désastres de la France, Prim fit proclamer roi, par cent quatre-vingt onze députés, le fils de l'envahisseur de Rome et fut assassiné, sans avoir joui de son triomphe, sans qu'on ait jamais pu ou voulu découvrir les auteurs de ce crime. On crut que le pays classique de l'indépendance nationale allait se soulever contre le prince étranger ; il n'en fut rien, tant les *libéraux* de toutes nuances se montrèrent empressés de soutenir une œuvre révolutionnaire et anti-religieuse. Le règne d'Amédée commença en paix, au milieu de l'aversion des uns, de l'indifférence des autres, du mépris de tous.

Dans les premiers mois de 1871, un officier supérieur de la *garde civile* (gendarmerie), nommé *Escoda*, proposa à Don Carlos de commencer, avec son détachement, un mouvement carliste ; il aurait voulu que le Roi vînt au devant de lui sur le territoire espagnol. Don Carlos se rapprocha, cette fois encore, de la frontière, mais, suspectant la bonne foi de l'officier, il attendit, et il eut raison ; Escoda n'avait d'autre but que de livrer le Duc de Madrid au gouvernement, et il reçut à coups de fusils les carlistes au rendez-vous convenu. Le prince demeura quelques mois en France pour rester en communication avec les chefs de son parti, puis il revint en Suisse ; la famille royale s'établit, au mois de mai 1871 à la villa du Bocage, près de Genève, où naquit, le 28 juillet, l'Infante Doña Elvira.

Dans le courant de la même année, Don Carlos, croyant qu'il était de la politique russe de se créer des alliances dans le midi de l'Europe, et se souvenant de la conduite généreuse de l'empereur Nicolas envers Charles V, fit le voyage de Saint-Pétersbourg pour voir l'empereur Alexandre et l'intéresser à sa cause. Mais l'empereur étant absent, le Duc de Madrid dut se borner à lui écrire. Alexandre II répondit que, bien que la Russie ne pût se mêler aux affaires de la Péninsule où elle n'avait pas d'intérêts, il tenait cependant à exprimer à Don Carlos ses sentiments personnels d'attachement et de sympathie. La courtoisie dont témoignait cette lettre ne s'est jamais démentie, depuis, dans les rapports entre les deux souverains.

V.

Don Carlos, héritier des rois catholiques, avait été l'un des premiers princes chrétiens à reconnaître l'infaillibilité pontificale. Autant il se montre jaloux de son indépendance comme souverain temporel, autant il demeure le fils soumis du Saint-Père, entretenant avec lui les meilleures relations. Du fond de l'exil, sa voix était entendue au Vatican : au commencement du règne d'Amédée, quelques Romains, connaissant imparfaitement l'état de l'Espagne, et désireux de donner une marque publique de l'impartialité et de la magnanimité de Pie IX, le pressèrent vivement d'inviter le clergé de ce pays à prêter le serment exigé par la constitution ; Don Carlos s'éleva énergiquement, par la voix d'un illustre évêque espagnol, contre ce projet qui, apportant une nouvelle force au fils de Victor-Emmanuel, aurait causé un immense scandale parmi les populations. La cour de Rome laissa le clergé espagnol à ses inspirations ; comme l'épiscopat, il fut, à de rares exceptions près, admirable de désintéressement et de constance. Refusant le serment, il refusait aussi tout traitement, et se confiait à la charité des fidèles ; lorsqu'elle ne suffisait plus, ces prêtres travaillaient de leur mains ; on en vit se faire journaliers dans les paroisses voisines, pour garder leur foi aux princes dont ils espéraient le retour.

En 1870, siégea à Einsiedlen le Congrès catholique international où un grand nombre de prêtres et de laïques, d'un caractère, d'un talent élevé, venus de tous côtés, s'occupèrent des moyens à prendre pour arrêter la diffusion des doctrines irréligieuses, et pour sauvegarder le pouvoir temporel, alors gravement menacé, qui allait disparaître peu de temps après. Don Carlos envoya à ce congrès deux délégués, afin de réclamer l'appui de l'assemblée pour la cause carliste. « Vous voulez, dirent-ils, former une armée capable de défendre le Saint-Siége, mais l'Etat romain n'aura jamais assez de force, quoi qu'on en fasse, pour résister à de puissants voisins. Les bataillons pontificaux actuels suffisent pour protester, même militairement, contre une invasion. La légitimité seule, replacée à la tête des grandes nations peut, comme autrefois, protéger l'indépendance du Pontife. L'Espagne est l'unique pays en Europe où deux cent mille volontaires veuillent, dès aujourd'hui, se lever pour leur Religion et pour leur Roi ; c'est là que la révolution a pénétré le moins profondément dans les masses populaires. Réunissez quelques millions pour armer ce peuple, et le triomphe de Don Carlos est certain. Alors, vous appuyant sur une nation reconstituée et vaillante de dix-huit millions d'âmes, autour de laquelle viendront se grouper les forces du monde catholique, vous pourrez songer à entourer le siége pontifical d'une muraille d'airain. Hâtez-vous tandis que ce trône est encore debout. Vous cherchez des soldats, mais nos enfants tressaillent de joie à la pensée qu'après avoir conduit Charles VII à Madrid, ils iraient à Rome assurer l'autorité de Pie IX, et c'est en leur nom que le Roi catholique nous envoie ici vous demander *des armes !* »

Ce langage impressionna l'assemblée et l'eût, sans doute, entraînée à des résolutions utiles sans l'attitude des délégués allemands, peu soucieux de reconstituer l'influence espagnole où française en cour de Rome, sans les intrigues du parti alphonsiste, sans les événements surtout, qui se succédèrent, alors, avec une rapidité désastreuse.

De nouvelles négociations, dues principalement à l'Évêque de Genève, Mgr Mermillod, furent entamées avec Doña Isabel, qui finit par en appeler à l'arbitrage du Souverain Pontife; elle savait que Pie IX, quelles que fussent ses sympathies personnelles, ne se constituerait jamais le juge d'une question de droit héréditaire. Don Carlos, de son côté, ne pouvait reconnaître, en cette matière, aucune compétence, pas même celle du Souverain Pontife; admettre un juge, c'était admettre le doute. Il repoussa tout arbitrage par un télégramme adressé à Madrid, et publié, dans le temps, par tous les journaux carlistes.

VI.

Placé à vingt ans à la tête d'hommes pleins d'ardeur, parfois impatients, le Duc de Madrid a su, grâce à la haute idée qu'il s'est faite de la dignité et des devoirs d'un roi, éviter les fautes où l'inexpérience et les passions de la jeunesse eussent pu l'entraîner; jamais il ne s'est écarté des principes catholiques et monarchiques, ni dans ses actes personnels, ni dans les ordres qu'il a donnés; deux qualités surtout sont innées en lui : l'esprit de justice joint à une volonté inflexible. Il a coutume de dire qu'il importe moins de savoir où commence l'échelle des récompenses que d'en observer les degrés; qu'un roi doit se faire craindre à condition d'être juste. Il considère comme son premier devoir de défendre contre tout abus de pouvoir, et de sauvegarder religieusement les *libertés individuelles* de ses sujets, confisquées par la révolution sous prétexte de les garantir. Il recherche la vérité par tous les moyens possibles ; quand il étudie une question, chacun peut librement lui exposer ses vues : il les examine avec un soin scrupuleux ; par contre, lorsqu'une décision est prise, il la maintient sans admettre de *remontrances*. Le roi doit être le premier à respecter ses propres décrets, sous peine de les voir mépriser par les autres.

Don Carlos veut que le roi règne et gouverne. En lui viennent se confondre, au delà des Pyrénées, les tendances de deux partis bien distincts en France : celles du parti légitimiste qui représente la tradition, et celles du parti bonapartiste dont la seule force, la seule raison d'être naît du besoin qu'éprouvent les peuples d'une autorité forte, d'un pouvoir personnel, par opposition aux lenteurs, aux incertitudes du système parlementaire. Charles VII n'a que trop l'occasion d'observer les vices de ce système et pense qu'un souverain doit se réserver la décision suprême : « J'ai tenu bien des conseils, a-t-il dit souvent ; j'ai constamment remarqué que, lorsqu'une question a été débattue en ma présence, je la résous avec plus d'impartialité et de liberté d'esprit que mes conseillers, précisément parce que mon intérêt ou mon amour-propre ne sont pas engagés dans la discussion. Puisque le dernier mot appartient fatalement à un homme, c'est le roi qui doit le prononcer, le roi à qui Dieu, avec le fardeau de la responsabilité, a donné la mission d'exercer l'autorité. A ceux qui viennent m'objecter que je suis bien jeune, je réponds : Je n'ai pas vingt ans, j'ai huit cents ans de royauté ; puisque vous, royalistes, vous reconnaissez la nécessité d'un monarque, il faut accepter ce monarque tel qu'il est, que ce soit saint Ferdinand, Charles-Quint ou moi. L'Espagne, moins que toute autre nation, peut vivre sans un pouvoir fort, capable de mettre hors de toute atteinte les principes fondamentaux de la société : le respect de la religion, de la famille, de la propriété. Ces principes sont confiés à la garde du roi ; c'est là son honneur et sa raison d'exister ; il doit mourir plutôt que de les laisser méconnaître : on dit, avec vérité, que si le prince disparaît dans la tempête populaire, tous les droits sont menacés. »

Charles VII veut gouverner par lui-même et ne recule devant aucun travail pour y parvenir. Toutes les fois qu'il a pu voir de ses propres yeux, il a vu juste. C'est l'homme, aujourd'hui, qui connaît le mieux les choses de son pays ; il sait que, sous peine d'abdiquer, le roi seul doit réunir dans ses mains les rênes des différentes parties de l'administration, et il se montre si convaincu de la honte pour le roi, du malheur pour la nation de supporter le joug d'un favori, qu'on l'entend dire souvent : « Je ne voudrais pas des triomphes les plus éclatants à condition du subir un ministre qui m'en ravît la gloire et vînt se placer entre le peuple et moi. »

Mais, si Don Carlos réclame un pouvoir aussi étendu, il tient à le limiter à la direction des affaires générales, et à laisser chaque province, chaque village, gérer ses intérêts : l'administration sera d'autant meilleure qu'elle sera plus dégagée de la politique. Ce qu'il veut, en un mot, c'est la décentralisation, telle, à peu près, que les royalistes la désirent aussi en France, où elle est généralement mal comprise. L'Espagne la pratique de temps immémorial, réglée par les *Fueros*, dans certaines provinces ; Don Carlos voudrait l'étendre, au moins, aux provinces du nord et du centre. Partout ces franchises sont réclamées, et, par ce côté, la doctrine carliste touche à ce que les idées fédéralistes présentent d'acceptable ; mais elle y ajoute le lien sans lequel ces idées ne peuvent être appliquées : une autorité nationale et forte. A la base de l'édifice social, Charles VII veut les libertés locales ; au sommet, le roi entouré par les représentants du peuple formant des chambres consultatives en politique, législatives en administration.

Don Carlos pense encore que les meilleures lois arrivent discréditées par les attaques d'une opposition systématique, affaiblies par les votes d'une forte minorité. Il voudrait que les assemblées délibérassent à huis-clos, et que le compte rendu se bornât à faire connaître que les Cortès ont.adopté ou rejeté une proposition (1).

Charles VII a toujours reçu avec une extrême bienveillance ceux qui viennent à lui, désignant à chacun le poste qu'il est le plus apte à remplir. Les uns servent de leur plume, les autres de leur épée ; d'autres aident le roi de leur fortune, et tout homme de bonne volonté se rend utile dans les rangs carlistes.

Don Carlos honore hautement les courageux écrivains qui défendent la religion et la royauté. Il désire s'entourer des représentants de la presse espagnole et étrangère ; ceux qui l'ont approché, soit en exil, soit à son quartier royal, se louent des égards dont ils ont été l'objet. Mais, si Don Carlos recherche le grand jour, il répudie cette *liberté de la presse* qui a fait tant de mal en France, en Italie, en Espagne. Il estime que les armes ne sont pas égales entre les publicistes qui recommandent la soumission aux lois de la morale chrétienne, et les incendiaires qui, excitant chaque jour à leur profit les convoitises populaires, légitiment tous les crimes et promettent à ceux qui les écoutent la félicité suprême ; encore la bonne presse ne peut-elle faire le bien qu'à la condition d'obéir à une impulsion unique, que Charles VII s'est appliqué à donner aux journaux carlistes répandus en Espagne au nombre d'une centaine ; toute feuille qui s'en est écartée, a été sur-le-champ désavouée (2).

Les questions financières, si graves pour le présent et pour

____

(1) Cette idée n'appartient pas exclusivement au parti carliste : elle est née des orages parlementaires qui ont agité l'Espagne. On en retrouve notamment l'expression dans le mémoire adressé par M. Sagasta aux Puissances étrangères après le coup d'État du 3 janvier. Ce conservateur-libéral y signale l'inconvénient des discussions publiques et l'action « rapide et mystérieuse » que doit exercer le pouvoir.

(2) Depuis que les carlistes sont en armes, leurs journaux, souvent supprimés, doivent se contenter de reproduire les articles de leurs confrères libéraux.

l'avenir de l'Espagne, préoccupent à juste titre le jeune roi. On recule effrayé à la vue des dilapidations, de la corruption pratiquées par les différents ministères depuis 1833 ; aussi la stricte justice exigerait-elle qu'on regardât comme nuls et non avenus les engagements pris par les gouvernements usurpateurs. Don Carlos désire pourtant qu'il n'en soit pas ainsi. Sans entrer dans des détails réservés aux méditations d'une *Commission de finances,* nous pouvons dire que Charles VII homologuera les contrats antérieurs de l'État présentant un caractère synallagmatique réel et dont les signataires auront acquitté toutes les charges, mais qu'il annulera les traités inexécutés ou frauduleux : les hommes compétents croient que le Trésor rentrerait, de ce chef, dans des sommes importantes. La bonne foi des créanciers de l'État sera une considération décisive dans cet examen; mais la bonne foi ne peut être invoquée pour les marchés, de plus en plus usuraires, consentis par les gouvernements de Madrid depuis le 2 mai 1872, c'est-à-dire depuis le jour où Charles VII est entré sur le territoire de son royaume. L'argent est devenu, dès ce moment, de véritable contrebande de guerre contre le roi légitime ; les spéculateurs sont avertis, depuis longtemps, que cette classe de dettes ne sera pas reconnue.

Quant à la rente résultant d'emprunts plus anciens, Don Carlos ne peut l'accepter telle qu'elle existe *nominalement* aujourd'hui. Le prix d'émission, la faiblesse des cours actuels prouvent surabondamment que les prêteurs n'ont jamais espéré jouir longtemps de leur revenu. Nous sommes fondés à croire que, pour établir sur des bases solides le crédit national, Charles VII chercherait une combinaison qui permît d'indemniser les porteurs d'effets publics rayés du Grand-Livre.

Don Carlos réalisera la diminution, tant de fois demandée, du nombre d'employés de toute sorte en activité et en disponibilité, que les différents gouvernements ont successivement légués à l'Espagne.

De la question des biens de l'Église confisqués et vendus par l'État, nous ne dirons rien. Le roi n'est pas le seul protecteur de ce genre de propriétés, placées, en même temps, sous la sauvegarde du Souverain Pontife. La loyauté des acquéreurs, les décisions de Pie IX, devront servir de règle aux agents du roi dans leurs appréciations.

Nous ne présenterons pas ici l'Espagne comme une nation prospère, mais quand on songe aux trésors qu'elle a trouvé à dissiper dans les guerres civiles et les invasions depuis le commencement de ce siècle, à ses immenses richesses agricoles et minéralogiques à peine exploitées, à la sobriété et à l'énergie de ses habitants, on arrive à se convaincre que, sous une administration honnête, intelligente et forte, la fortune publique atteindrait, en peu d'années, un niveau élevé. Don Carlos veut apporter, pour la rétablir, la plus stricte économie dans le gouvernement. Lui seul peut payer les services avec de l'honneur, la Révolution ne peut les payer qu'avec de l'argent. Il écrivait à son frère, dans sa lettre de 1868 : « Si l'Espagne est pauvre, il faut que tout le monde vive pauvre, à commencer par le roi et les ministres. »

L'armée, dont les volontaires carlistes formeraient le noyau, serait peu nombreuse. Charles VII est le seul souverain dont les promesses, en ce genre, puissent ne pas être vaines, car lui seul peut compter sur deux ou trois cents mille volontaires se levant au premier appel pour défendre sa personne et son trône. Des arsenaux établis dans les provinces dévouées serviraient à les armer en quelques jours soit contre des insurgés, soit contre les ennemis extérieurs de la patrie espagnole. Don Carlos est un roi populaire qui fait reconnaître ses droits, dix fois séculaires, par le *plébiscite des baïonnettes ;* les électeurs du Duc d'Aoste sont prêts à voter, les électeurs de Charles VII sont prêts à mourir.

Cette situation lui dicte la conduite à tenir vis-à-vis des classes élevées. Les gentilshommes fidèles à l'honneur et au trône légi-

time retrouvent autour de ce trône la place de leurs aïeux ;
quant aux autres, Don Carlos ne leur permettra pas d'user,
pour conspirer contre lui, du peu d'influence qui leur reste.
« Arrivé dans Madrid, a-t-il dit, je donnerai quinze jours aux
grands d'Espagne pour venir me baiser la main ; passé ce délai,
leurs noms seront rayés du livre de la noblesse, leurs titres
feront retour à la couronne, et seront donnés à des paysans
qui les auront mérités sur les champs de bataille. »

VII.

Profitant des libertés que les constitutionnels avaient été
forcés d'inscrire dans leurs lois, Don Carlos avait couvert l'Espagne d'un réseau de *Juntes* centrale, provinciales, locales, qui
lui fournissaient des renseignements et recevaient ses ordres
jusque dans les derniers cantons du royaume. Les carlistes
prenaient publiquement la dénomination de *traditionnalistes*
aussi bien aux Cortès que dans leurs écrits. Le marquis de Villadárias était le digne chef de cette organisation, mais il vivait
à l'étranger ; le comte d'Orgaz, au contraire, vice-président de
la Junte centrale, résidait à Madrid et conduisait les affaires
avec autant de sagacité que de dévoûment. *La Esperanza*,
journal officiel de Don Carlos, donnait, en tête de ses colonnes,
toutes les nominations faites par le Duc de Madrid dans cette
administration. En attendant une revendication plus conforme
à leur nature belliqueuse, les carlistes avaient été conduits par
le Roi sur le terrain électoral pour tenir en échec les partis révolutionnaires plus encore que pour préparer directement son
avénement, car, malgré la force numérique de ses partisans,
il n'espérait pas obtenir la majorité dans les Cortès. En Espagne, moins que partout ailleurs, le gouvernement du jour craint
d'employer la violence pour fausser les élections à son profit.
Les volontaires de la Liberté (gardes nationaux), soigneusement

choisis, surveillent en armes le scrutin, et éloignent, par la menace, tous les opposants qu'ils peuvent intimider; pressentent-ils une défaite, des hommes soi-disant inconnus, mais, en réalité, soudoyés par la police, envahissent la salle, renversent les urnes et frappent les assistants. L'élection est annulée pour cause de violence, et la justice recherche, toujours en vain, les coupables. Aussi compte-t-on généralement, au delà des Pyrénées, les morts et les blessés après une élection comme après un combat. Ces obstacles, ces périls même, n'arrêtèrent pas les carlistes; aux élections de 1870, ils firent arriver plus de soixante des leurs à la Chambre des députés, et obtinrent une trentaine de siéges au Sénat. Toutes les candidatures étaient soumises à la sanction royale, et les élus acceptaient le mandat de travailler sans relâche à la Restauration. Les voix des carlistes n'étaient obtenues qu'à ce prix.

Afin de rendre plus efficace l'action de ses partisans aux Cortès, le roi voulut leur donner un chef qui pût les faire agir avec unité et énergie dans les discussions et les votes. Un député, ancien ministre de Doña Isabel, qui avait laissé une grande réputation d'intégrité, Don Cándido Nocedal, s'était présenté à Charles VII à Vevey; il revint au Bocage en 1871. Don Carlos reconnut en lui le *leeder* qu'il cherchait, et, au mois d'octobre suivant, il lui envoya à Madrid les pouvoirs les plus étendus, enjoignant aux députés, aux sénateurs, à la presse carliste, de seconder sa politique, d'écrire et de voter selon la ligne qu'il leur tracerait, sous réserve, bien entendu, d'en appeler directement au roi. Quelques députés réclamèrent le droit de choisir eux-mêmes leur chef parlementaire; Don Carlos refusa, sachant que cette élection deviendrait la source de compétitions personnelles et rendrait ce chef plus indépendant du roi. « L'Espagne, leur dit-il, meurt par la Révolution. Lorsque je serai remonté sur le trône, alors, mandataires de la nation, vous discuterez avez moi les intérêts de vos commettants : vous me trouverez toujours empressé de respecter vos libertés, d'accéder à vos désirs ; mais, actuellement, le besoin d'une unité d'action vous commande de suivre le chef que je vous désigne, même quand vous n'approuveriez pas sa conduite. Il vaut mieux se tromper en agissant tous ensemble que d'avoir raison chacun à son point de vue et de se diviser. Nous sommes, jusqu'au triomphe, un parti de combat ; insensé celui qui réparerait un édifice avant d'éteindre les flammes qui le dévorent ! »

Le jour où M. Nocedal reçut ses instructions, il monta à la tribune des Cortès et prit solennellement possession du poste auquel l'appelait la confiance royale dans un discours très-remarqué, où il lança à la face du pouvoir établi cette phrase hardie et souvent répétée : « Pour l'Espagne, plus d'intermédiaire, Don Carlos ou le pétrole..... » Ses discours, sa tactique parlementaire lui valurent la haute approbation du Roi. Il signalait la chute inévitable de l'établissement de Prim, ajoutant que les carlistes, en lui suscitant chaque jour de nouveaux obstacles, hâteraient l'événement.

Il est bon de rappeler ici que les 191 députés formant environ les deux tiers de la chambre qui avait intronisé Amédée s'étaient divisés, dès le printemps 1871, en deux groupes ennemis presque égaux. Les *zorillistes* et les *sagastistes* soutenaient alternativement le gouvernement lorsque leurs chefs étaient au pouvoir. Les carlistes, étant les plus nombreux parmi les adversaires de la monarchie savoyarde, M. Nocedal avait obtenu la direction de toutes les oppositions réunies, et, se joignant aux mécontants, il reformait une majorité contre tout ministère. Au commencement de 1872, les sagastistes, alors aux affaires, déclarèrent tout gouvernement impossible avec des Cortès ainsi composées. Amédée prononça la dissolution, et les élections générales furent annoncées pour le mois d'avril suivant.

Ainsi, l'intervention de Don Carlos dans les discussions parlementaires infligeait un premier et grave échec au fils de Victor-Emmanuel en le forçant à renvoyer des chambres qui l'avaient acclamé un an auparavant, et en coupant les seuls liens qui pouvaient lui rattacher le pays.

A côté de cette organisation publique et *légale* du parti carliste, existait une organisation militaire, avec son action et son personnel distincts. Un *commandant de la frontière*, résidant en France, et correspondant directement avec le Roi, était chargé de calmer les impatients, de soutenir les royalistes fidèles, et de préparer une prise d'armes. Sous ses ordres, des officiers se maintenaient en communication avec les chefs carlistes de tous les districts, et devaient connaître l'esprit, les ressources, jusqu'aux hommes de chaque village. Les *Juntes d'armement et de défense* des différentes provinces s'occupaient de réunir des fonds, d'acheter des armes, de les introduire et de les cacher en Espagne.

Les communications étaient faciles entre le Roi et le commandant de la frontière; il n'en était pas de même pour les chefs du centre, et l'on devait prévoir que le jour où un soulèvement éclaterait, il deviendrait impossible à Charles VII de leur faire parvenir ses ordres. Don Carlos voulut nommer, à Madrid, un comité qui devait prendre la direction suprême et se constituer, au besoin, en *conseil de Régence* dans le cas spécial où le Roi, faisant la guerre dans le Nord, se trouverait séparé du reste de l'Espagne par une armée ennemie. Charles VII insista pour que Don Cándido Nocedal, quoique n'ayant jamais fait partie d'aucune armée, entrât dans ce comité, afin qu'au moment décisif, il devînt le lien entre l'action militaire et l'action politique du parti. Il lui adjoignit le général Mogrobejo et l'amiral Viñalet, tout deux anciens officiers d'Isabelle. Pour éviter les rivalités, ce truimvirat dut rester anonyme, et les documents qui en émanaient furent, par ordre du Roi, revêtus d'une griffe au nom de *Zumalacarregui* ou de *Recarède*.

VIII.

Depuis longtemps déjà, Don Carlos désirait une entrevue avec son oncle, Monsieur le Comte de Chambord ; jusque-là, l'occasion avait manqué, le prince espagnol ne pouvant quitter, pour aller en Autriche, sa résidence ordinaire où le retenaient les nécessités d'une correspondance journalière. Au mois de novembre 1871, Monsieur le Comte de Chambord reçut à Lucerne quelques centaines de ses partisans, et invita son neveu à venir le voir pendant cette réunion. Le roi et la reine d'Espagne s'y rendirent tous deux.

Certains journaux alphonsistes avaient osé imprimer que Don Carlos était si peu le roi légitime d'Espagne que le chef même de sa maison reconnaissait Alphonse XII comme l'unique héritier de Ferdinand VII. A la demande de son neveu, Monsieur le Comte de Chambord s'empressa de faire démentir officiellement un bruit absurde, qui ne pouvait, d'ailleurs, trouver créance que parmi les gens ignorant complétement la politique et les principes des Bourbons.

Beaucoup de Français sollicitèrent, à cette occasion, l'honneur d'être présentés aux princes d'Espagne, qui donnèrent plus de deux cents audiences particulières. Le 20 novembre, les *pèlerins de Lucerne* se pressaient autour des deux rois, petits-fils de Louis XIV ; Don Carlos se voyait, avec bonheur, au milieu de ces légitimistes ; les uns l'avaient connu à Paris, d'autres avaient été les compagnons de son frère à Rome, tous avaient rendu des services aux soldats de Charles V, et Charles VII leur en exprimait une fois de plus sa reconnaissance. Bon nombre d'entre eux, quelques années auparavant, avaient salué, dans ce même salon, Madame la Duchesse de Parme, si vivante encore dans le cœur de tous. Par sa grâce, son esprit, sa bonté,

Madame la Duchesse de Madrid leur rappelait sa mère, et, comme elle, leur parlait de la France avec émotion.

Vers la fin de 1871, la mère du Roi, l'Infante Marie-Béatrice d'Este, jalouse d'appeler les bénédictions de Dieu sur sa famille, entrait dans un couvent de carmélites, à Graz, où elle n'a cessé de suivre la dure règle de la maison autant que le lui permet sa santé ébranlée.

A la même époque, un certain nombre de personnes, frappées des sacrifices que fait la France, malgré ses malheurs, pour soutenir, sur tous les points du monde, les œuvres de foi et de charité, conseillèrent à Charles VII de faire un appel au parti légitimiste, espérant en obtenir quelques centaines de mille francs pour acheter des armes. Après avoir étudié ce projet, Don Carlos y renonça : les royalistes français, épuisés par l'invasion, devaient ménager leurs ressources, et, de plus, les partisans de Henri V auraient été représentés aux masses comme poussant à une guerre contre l'Espagne pour Charles VII comme à une guerre contre l'Italie pour Pie IX. Une souscription n'était pas possible. Cependant, plusieurs Français firent individuellement de généreux sacrifices qui vinrent en aide aux défenseurs de Don Carlos, et dont le Duc de Madrid témoigna publiquement sa gratitude dans une lettre adressée au duc des Cars.

De jeunes Français, d'un patriotisme éclairé, demandèrent la faveur de s'enrôler sous les drapeaux du roi d'Espagne, qui, se fondant sur des considérations de haute convenance nationale, eut le regret de ne pouvoir accepter leurs services.

IX.

Après la dissolution des Cortès, au mois de janvier 1872, un grand nombre de royalistes eussent désiré que le Roi fît immédiatement un appel aux armes. Les chefs militaires du parti carliste souffraient de leur inaction, alléguaient que les fusils cachés se rouillaient, que l'élan des populations s'usait dans une attente passive, et qu'on se lassait de prendre part à un scrutin systématiquement falsifié. Le Roi prit l'avis de ses représentants dans toutes les provinces, et enjoignit de se rendre aux élections, tout en prévoyant la nécessité de recourir à un soulèvement général ; mais, avant d'en venir à cette extrémité, il voulait épuiser tous les moyens pacifiques, car ce n'était pas sans un profond sentiment de tristesse qu'il allait donner le signal de la guerre civile. En cas de revers, il attirait sur ses provinces fidèles de nouvelles calamités ; en cas de triomphe, il se demandait comment il arrêterait, dans la voie des représailles, ces Navarrais, ces Basques, ces Catalans qui, presque tous, avaient à venger, depuis trente ans, la ruine ou l'assassinat des leurs. Il songeait avec douleur qu'après avoir tiré l'épée contre des Espagnols, il lui faudrait peut-être, ensuite, punir ses propres soldats pour avoir abusé de la victoire. Et, pourtant, le Roi ne pouvait rester spectateur inactif du mal qui envahissait l'Espagne. L'esprit révolutionnaire, qui avait déjà gagné une partie des classes éclairées et des grandes villes, pénétrait chaque jour davantage dans le peuple. La guerre que le gouvernement faisait à la religion s'étendait jusque dans les plus petits villages, et le clergé s'écriait que l'Église espagnole succombait si la Restauration tardait encore ; il fallait sauver les trésors qui ont fait la gloire de l'Espagne : l'indépendance et la foi. Amédée n'était que l'agent de son père à Madrid, et n'avait été choisi que pour étendre à la Péninsule ibérique l'œuvre entreprise en Italie ; l'influence allemande s'apprêtait à enlacer l'Espagne, et, comme pour en prendre possession, le casque prussien y avait apparu dans quelques uniformes. Plus complaisant encore qu'un Hohenzollern, un prince de Savoie n'engageant pas la responsabilité de l'empereur Guillaume, servait mieux ses intérêts.

Don Carlos conservait, d'ailleurs, quelque espoir de remonter sur le trône sans effusion de sang. Il était permis de croire que cette armée, où, depuis cinquante ans, on avait trouvé des éléments de *pronunciamientos* pour et contre tous les souverains, pour et contre tous les ministres, fournirait aussi quelques bataillons disposés à acclamer l'héritier des plus glorieux monarques espagnols. Un grand nombre d'officiers de l'armée régulière avaient donné leur adhésion écrite, s'engageant, aussitôt qu'un mouvement populaire aurait ouvert l'Espagne au Roi, à abandonner le prince étranger qu'on leur imposait, et à venir, avec leurs troupes, renforcer la véritable armée nationale ; pendant que les volontaires carlistes auraient neutralisé, de toutes parts, les soldats restés à la solde d'Amédée, les régiments commandés par les officiers ralliés à la cause légitimiste auraient conduit Charles VII dans sa capitale. On disait au Roi que tous les détails étaient réglés d'avance, que rien ne manquait pour armer les recrues carlistes, que les mouvements étaient combinés comme les coups sur un échiquier, enfin, que la réussite de ce plan à la fois politique et militaire était infaillible, si un quart seulement des chefs amédéistes tenaient leurs engagements. Malheureusement, le Roi ne pouvait vérifier par lui-même ni les dispositions des hommes, ni l'existence du matériel.

Pampelune était désignée comme la première étape de la marche sur Madrid ; c'est donc en Navarre que Charles VII devait paraître au milieu de ses défenseurs. Les Catalans, eux aussi, avaient réclamé la présence de Don Carlos, qui promit de leur envoyer, à sa place, son propre frère, déjà connu pour sa belle conduite à Rome. Don Alphonse avait voulu passer par tous les grades dans l'armée pontificale ; il était sous-lieutenant à la prise de la Porta-Pia et, dans ce combat, il avait fait preuve de beaucoup de valeur. Le premier soin des soldats de Victor-Emmanuel, en entrant dans la Ville Éternelle, avait été de rechercher le prince espagnol, qui n'échappa à la captivité qu'en se cachant parmi ses compagnons d'armes en route pour la France ; embarqué avec eux, il rejoignit sa mère à Graz.

A Rome, il avait rencontré la princesse Marie-des-Neiges, fille aînée de Don Miguel de Portugal, qui joint à cet héroïsme, si admiré depuis, une rare intelligence. Don Alphonse l'épousa au mois d'avril 1871 ; ils passèrent l'hiver suivant à Malte, où se raffermit la santé de la jeune princesse, et c'est pendant une excursion en Afrique que l'Infant fut rappelé par une dépêche de son frère. Cette circonstance retarda le retour du nouveau commandant de la Catalogne, et ne lui permit pas de revoir le Roi avant le départ de Don Carlos pour l'Espagne.

Les élections générales du mois d'avril 1872 provoquèrent, comme toujours, des luttes à main armée ; comme toujours, aussi, le parlement se trouva composé en grande partie, de ministériels (Sagastistes, conservateurs). Grâce aux manœuvres pratiquées, plus que jamais, par le gouvernement soi-disant libéral, les carlistes perdirent un certain nombre de siéges ; ce fut, pour le Roi, une raison décisive de tirer l'épée. Les élus reçurent l'invitation de ne point paraître aux Cortès ; en même temps, un gentilhomme de la maison du Roi portait à la frontière et à Madrid l'ordre d'un soulèvement général pour le 21 du même mois.

Charles VII communiqua à la presse européenne une proclamation annonçant qu'en présence des violences employées par le gouvernement d'Amédée, la seule voie qui restât ouverte aux Espagnols pour rétablir la monarchie nationale et catholique était celle des armes. Le 20 avril, après avoir dit adieu à la reine Marguerite et à ses enfants, il partait de Genève, seul avec son secrétaire, Don Emilio de Arjona, emportant, pour toute ressource, quarante mille francs que venait de lui envoyer un Espagnol dévoué.

X.

Don Eustaquio Diaz de Rada, ancien brigadier isabelliste, était, à ce moment, *commandant de la frontière*. Déjà, sur un ordre mal compris par lui, les Catalans s'étaient soulevés, et de petites bandes sillonnaient la montagne. Des avis partis de Genève avaient promptement arrêté ce mouvement partiel et imprudent, qui eut l'inconvénient d'attirer les troupes amédéistes.

Rada, qui pressait depuis plusieurs mois Don Carlos pour ouvrir les hostilités, se trouva pris au dépourvu lorsqu'il fallut marcher : les chefs n'étaient pas à leur poste, les armes n'existaient qu'en partie dans les dépôts indiqués. Le général entra pourtant en Espagne avec quelques compagnons, et enleva plusieurs détachements de carabiniers et de *gardes civils ;* des volontaires se présentèrent, mais sans ordre et sans fusils ; on ne pouvait opposer ces agglomérations à des troupes régulières, et, pendant ce temps, Amédée concentrait rapidement des forces imposantes. Don Eustaquio Diaz de Rada s'arrêta aux premiers obstacles ; il écrivit au Roi que rien n'était prêt, que les armes, les munitions, les chefs manquaient ; que les officiers de l'armée d'Amédée, sur lesquels on avait le droit de compter, marchaient contre les carlistes sans hésitation ; il ajoutait que Charles VII ne devait pas songer à traverser la frontière jusqu'à nouvel avis ; enfin, pour aller lui-même porter des explications au Roi, Rada vint en France. Plus tard, dans une brochure, il voulut justifier sa conduite par l'impossibilité où l'on se trouvait alors d'entreprendre la guerre ; il oubliait, en prenant la plume, que lui seul avait perdu le droit de se plaindre ; lui, chargé du matériel comme du personnel, lui, qui n'avait cessé de présenter la situation sous un jour excellent.

Dès son arrivée dans les Pyrénées, Don Carlos connut le véritable état des choses ; il reçut bientôt, d'ailleurs, les lettres de Rada. De son côté, le gouvernement d'Amédée annonçait une répression jusque-là sans exemple, contre toute tentative d'insurrection, et déclarait qu'il fusillerait sans merci le Duc de Madrid et son frère, s'il parvenait à les saisir. Ni comme homme, ni comme roi, Charles VII ne voulut reculer : le 2 mai, il fut reçu à Vera au milieu des acclamations les plus enthousiastes, auxquelles il répondait par ce cri : « Salvaré España !» — je sauverai l'Espagne.

Le jour suivant, il s'avança dans la direction de Pampelune, accueilli partout avec des transports de joie ; les volontaires accouraient de toutes parts, et quarante-huit heures après l'entrée de Don Carlos, ils étaient déjà réunis plus de six mille autour de lui ; malheureusement, parmi cette foule sans organisation et sans chefs, à peine quinze cents hommes avaient des fusils de chasse ou de guerre en mauvais état.

Le Duc de Madrid avait traversé toute la France sans être inquiété, quoique épié sans relâche par un agent que le Président Thiers avait mis à sa poursuite et qui ne le perdit de vue qu'au seuil de l'Espagne. Arrivé là, cet émissaire prévint le maréchal Serrano qui venait de prendre le commandement de *l'armée du Nord*, et qui put ainsi combiner sa marche avec Morionés, officier de fortune, alors capitaine-général de Pampelune : le 4 mai, à quatre heures du soir, leurs troupes cernaient et bombardaient le petit village d'Oroquieta.... le premier obus tomba sur la maison occupée par Don Carlos. Soit que l'expérience militaire leur manquât, soit qu'ils conservassent encore l'espoir d'une défection parmi les amédéistes arrivant en face de Charles VII, les officiers qui entouraient le prince avaient omis d'éclairer et de garder les abords du quartier royal ; surpris ainsi par l'ennemi, le Roi, montant à cheval, essaya de faire tête à l'orage ; ceux des carlistes qui avaient des armes s'en servirent vaillamment ; les autres se défendirent à coups de couteaux, à coups de bâtons ; mais les libéraux étaient cinq à six mille, et bientôt la résistance devint impossible. Le Roi, serré de près, ne dut son salut qu'à son énergie, à la fidélité de ses guides, à un brouillard épais qui lui permit de traverser trois fois, la nuit, le cordon des troupes qui le cernaient. Don Carlos gagna la frontière de France, franchissant avec M. de Arjona les Pyrénées couvertes de neige, sous la conduite du brave curé d'Aldaz ; il arriva à Bayonne, où il demeura quelque temps.

Au point de vue militaire, cette apparition du Roi en Espagne fut téméraire ; au point de vue personnel, ce fut un acte de courage chevaleresque ; au point de vue politique, ce fut une preuve de suprême habileté. Ne pas se présenter aux populations qu'on venait d'appeler aux armes, leur eût ôté toute confiance dans la parole royale, eût jeté des germes de désaffection et de découragement ; en ralliant, au péril de sa vie, les Navarrais autour de lui, Don Carlos, au contraire, prenait racine dans le cœur du peuple, recrutait de nouveaux soldats, et jetait les fondements de son trône.

L'ordre que reçut le comité de Madrid de provoquer un soulèvement général mit fin momentanément au rôle de M. Nocédal comme orateur et chef parlementaire. L'amiral Viñalet, ne songeant ni à son âge, ni au péril, se jeta bravement dans la lutte, et leva une bande dans le royaume de Valence ; malheureusement au bout de peu de jours, il fut blessé, pris, condamné à mort, et aurait été fusillé par Amédée sans les démarches de ses nombreux amis qui assaillirent le ministère. Le loyal marin fut incarcéré dans la forteresse de Malaga ; il s'en échappa quelques mois plus tard, devint *commandant de la frontière* en 1873 et Ministre d'État en 1874. La même année, son fils, engagé à dix-sept ans dans les rangs carlistes, fut laissé pour mort sur le champ de bataille de Lecumberri, après une conduite digne de son père.

XI.

Le jour même où Don Carlos quittait Genève, l'Infant Don Alphonse, rappelé à la hâte, arrivait à Marseille, ignorant les derniers événements. Avant qu'il eût débarqué, le préfet des Bouches-du-Rhône (comte de Kératry) le fit arrêter avec la princesse sa femme, garder presque à vue dans un hôtel pendant trente-six heures et conduire enfin sous bonne escorte à la frontière suisse. Il repartit secrètement de Genève deux jours après, traversa la France sans éveiller les soupçons de l'Administration et, ne possédant pas encore des forces suffisantes pour entrer en Catalogne, il prit immédiatement, de Perpignan, la direction du mouvement. Bientôt il y fut rejoint par l'Infante Marie-des-Neiges, qui, depuis, n'a cessé de l'accompagner dans les courses les plus périlleuses, aussi bien que sur les champs de bataille.

En Catalogne, comme dans le Nord, il y avait tout à créer ; mais l'Infant, entouré d'auxiliaires dévoués, espagnols et français, ne se découragea pas. Savalls, mandé de Nice où il résidait depuis la prise de Rome, Tristany, accouru au premier signal, gagnèrent leurs provinces avec de faibles escortes, et les parcoururent pour recruter des volontaires ; Castells s'était déjà levé ; sous leur active impulsion, le mouvement se propagea et grandit malgré les mauvaises nouvelles qui arrivaient de la Navarre. Réduits à fuir, d'abord, constamment devant les colonnes républicaines, les carlistes furent vite en état de leur livrer bataille. Les armes, les munitions, les chevaux, l'argent, tout fut pris à l'ennemi, et bien que là, comme ailleurs, les officiers amédéistes, après avoir promis leur concours, eussent manqué à leur parole, le gouvernement perdit peu à peu toute autorité dans les campagnes de la Catalogne qui, depuis cette époque, obéissent à Charles VII.

Durant les premiers événements de la Navarre, la Biscaye se souleva, et bientôt elle compta cinq à six mille hommes. Don Carlos voulait s'y rendre, mais ses conseillers craignirent, en cas de nouveaux revers, de le voir acculé à la mer, sans ligne de retraite possible. Serrano, après la dispersion des carlistes à Oroquieta, passa dans les provinces basques pour étouffer cette nouvelle insurrection. Les jeunes troupes biscaïennes lui opposèrent une vive résistance, évitant le combat contre des forces supérieures, tombant, au contraire, en nombre, sur les bataillons isolés. L'ancien régent avait beau combiner les mouvements de ses colonnes, les carlistes lui échappaient et se multipliaient sans cesse : des soldats, des officiers de l'armée régulière venaient grossir leurs rangs ; ces régiments improvisés remportèrent plusieurs avantages signalés, notamment à *El Gueta* ; la Navarre, dégarnie de troupes libérales, reformait ses phalanges sous la conduite de Carrasa, d'Aguirre et d'autres chefs ; le Guipuzcoa et l'Alava épiaient l'heure de se soulever sous les pas même des amédéistes. La popularité de Serrano, la patience de son armée s'usaient dans cette guerre de montagnes, guerre sans issue, qui durait depuis plusieurs semaines et s'aggravait chaque jour. Comme le *duc de la Victoire*, le *duc de la Torre* eut recours à la trahison. Employant la séduction et la menace, il obtint que plusieurs membres de la *Junte forale* qui gouvernait alors la Biscaye au nom de Charles VII en vinssent à capituler. Cherchant des prétextes pour excuser leur défection, ces députés écrivirent au Roi qu'en présence de la déroute d'Oroquieta, de la lenteur, disaient-ils, que mettaient les autres provinces à s'organiser, ils ne pouvaient supporter seuls le choc de l'armée de Serrano et croyaient, Biscaïens et carlistes, devoir ajourner leurs sacrifices à un temps où ces sacrifices seraient plus efficaces. Avant d'avoir pu recevoir une réponse de Don Carlos, ils signaient la *convention d'Amorovieta*, par laquelle les carlistes faisaient leur soumission au gouvernement d'Amédée ; leur *Junte forale* conservait l'administration de la Biscaye,

enfin, une ammistie entière était accordée à tous les combattants,
même aux anciens officiers de l'armée amédéiste, qui retrou-
vaient leurs grades et leur solde (juin 1872). Les signataires
de cette autre *convention de Vergara* prirent leurs mesures
pour en assurer l'exécution avant que leurs collègues, restés
fidèles à leur mission, eussent pu s'y opposer; les volontaires
livrèrent en pleurant leurs fusils aux soldats de la Révolution;
quelques-uns les cachèrent ou les détruisirent. Don Carlos con-
damna les auteurs de ce traité qui, s'ils ne se sentaient point
le cœur assez haut placé pour diriger leur noble province dans
des circonstances difficiles, devaient se retirer et laisser le gou-
vernail à des mains plus fermes. Deux d'entre eux, par les
regrets qu'ils ont témoignés et les services qu'ils ont rendus,
depuis, ont mérité de rentrer en grâce auprès de Charles VII.

Rassuré sur la Biscaye, Serrano revint avec toutes ses forces
en Navarre, où plusieurs milliers de carlistes étaient parvenus
à se reformer. Cette vaillante troupe lutta encore contre toute
l'armée du Nord; à la fin, le nombre croissant des ennemis,
le manque de munitions surtout, eut raison de leur intrépidité.
Après avoir brûlé leur dernière cartouche, ils se dispersèrent
ou furent obligés de se soumettre à l'*Indulto;* les chefs, n'ayant
plus aucun moyen matériel de continuer la guerre, revinrent
en France dans le courant de juillet.

En résumé, malgré les déceptions d'Oroquieta, le soulèvement se propageait assez rapidement pour compromettre
l'armée de Serrano; un traité seul permettait de pacifier
plus ou moins complétement les provinces insurgées: c'est
ainsi, d'ailleurs, que le maréchal se justifia d'avoir accordé
aux carlistes des conditions aussi favorables.

XII.

Cette première période de la guerre dans les provinces du Nord, bien qu'elle n'est duré que deux mois, détermina cependant la chute du prince italien. Pour arrêter les carlistes, il fallut envoyer en Navarre la meilleure partie de l'armée espagnole, dégarnir la capitale, et laisser le gouvernement sans défense en face de la populace, libre, quand elle le voudrait, d'envahir les Cortès, le Palais, et de balayer, du même coup, les députés et le roi constitutionnel. Pour prévenir le danger d'une émeute imminente, Amédée appela au pouvoir les favoris des sociétés secrètes de Madrid; il congédia, à son grand regret, le ministère Sagasta dans lequel il avait confiance, pour se livrer à Zorilla, quoique ce député ne ralliât qu'une faible minorité dans les chambres. Celui-ci se hâta, selon l'usage, de faire décréter la dissolution, afin de remplacer, au mois de septembre suivant, la majorité par une législature à son gré.

Charles VII, en état de guerre avec Amédée, enjoignit aux carlistes de s'abstenir dans ces élections.

Le nouveau gouvernement, ou tout au moins ceux qui l'appuyaient, professaient des principes absolument incompatibles avec le maintien d'une monarchie : effectivement, le Duc d'Aoste était réduit à quitter précipitamment l'Espagne quelques mois plus tard, par suite des actes de son cabinet.

Don Carlos, par son exemple, ses ordres rigoureux, sa volonté ferme, sut imprimer à la guerre civile un caractère d'humanité et de modération malheureusement inusité jusque-là. Comme roi de tous les Espagnols, il se montre fier du courage et de la constance déployés par ses adversaires; jamais il n'a permis que ses volontaires oubliassent un instant que les soldats du gouvernement sont des frères destinés à se ranger bientôt sous le même drapeau. Aussi, les prisonniers sont reçus avec honneur au quartier royal, et les hommes de troupe renvoyés généralement sans condition ; les officiers, moyennant l'engagement de ne plus servir contre les carlistes, recouvrent leur liberté, à moins qu'il ne soit nécessaire de les retenir pour les échanger plus tard. Charles VII fait respecter scrupuleusement les propriétés publiques et privées ; il a supprimé les confiscations, et s'attaque uniquement aux hommes armés envoyés de Madrid contre lui. L'appréhension que surent inspirer les carlistes dès le début des hostilités, la crainte d'exaspérer les populations et de provoquer de terribles représailles interdirent à Amédée de donner suite aux projets sanguinaires dont il avait fait parade. La vie des prisonniers carlistes fut épargnée ; on les déporta soit aux îles Canaries, soit à Cuba où ils eurent à combattre les sauvages insurgés de la colonie. Là, en face des ennemis de l'Espagne, ils conservent cette vaillance qu'ils avaient mise spontanément au service de leur prince, et plus d'une victoire a été décidée, par eux, en Amérique, au cri de « vive Charles VII ! »

Dans l'impossibilité de résider sur le territoire espagnol, Don Carlos voulut, au moins, rester près de la frontière, afin de continuer ses rapports directs avec tous les chefs, et d'apprécier, cette fois, par lui-même, les circonstances favorables à une nouvelle levée de boucliers. Pour éviter de donner ombrage à la police française, autant que pour se soustraire à sa surveillance, il vivait dans des retraites connues d'un petit nombre d'amis dévoués, ne recevant que les personnes dont la présence était indispensable.

La Duchesse de Madrid continuait à vivre à Genève, entourée de quelques serviteurs fidèles, attendant fiévreusement les nouvelles qui arrivaient bien lentement, le gouvernement français ayant interdit, pour elle, l'usage du télégraphe. Lorsque les caresses de ses enfants, la lecture, le travail, une active correspondance ne suffisaient plus à tromper les longues heures d'inquiétude, on la voyait courir à cheval dans la campagne, cherchant à ressaisir, par la fatigue, le sommeil qui la fuyait. C'est auprès de l'évêque de Genève, et dans cette cathédrale de Notre-Dame, si attristée aujourd'hui, qu'elle allait raviver son courage et son énergie. Uniquement préoccupée du succès de sa cause, elle faisait souvent communiquer aux journaux les renseignements qui lui parvenaient; mais plusieurs feuilles ayant publié, au même titre, des bulletins imaginaires, la Reine se vit obligée de faire suspendre l'envoi de ces correspondances. Au mois de septembre, il lui fut, enfin, possible d'aller rejoindre Don Carlos : elle passa, avec lui, la fin de l'automne et une partie de l'hiver tantôt à Bordeaux, et tantôt à Toulouse.

Don Emilio de Arjona avait de nombreux ennemis : la surprise d'Oroquieta, dont on lui attribua, en grande partie, la responsabilité, servit de thème aux attaques les plus violentes, et plusieurs généraux essayèrent d'imposer son renvoi. Charles VII ne pouvait se séparer de son secrétaire dans de pareilles conditions; il fit sentir à ces généraux l'inconvenance de leur conduite, et garda provisoirement M. de Arjona auprès de lui. Enfin, tout ce bruit s'étant calmé, M. de Arjona donna sa démission de secrétaire, et reçut, en échange, le grade de brigadier (septembre 1873).

Don Carlos réunit autour de lui le général Elio, le brigadier Iparaguirre comme secrétaire militaire, et don Guillermo de Estrada, ancien député aux Córtes, comme secrétaire civil.

A cette époque, il fit paraître un décret pour rendre à la Catalogne et à l'Aragon leurs antiques *fueros*. Il rappela que Philippe V avait supprimé ces franchises à la suite de la Guerre de la succession, où les deux provinces avaient prêté leur appui à l'Archiduc d'Autriche, et promit de rétablir les anciens priviléges, en récompense de l'attachement de ces populations à la Maison de Bourbon, et des services qu'elles avaient rendus au Roi légitime.

XIII.

Au commencement de 1873, l'Infant Don Alphonse, accompagné de la princesse Marie-des-Neiges, prit, en personne, le commandement de sa petite armée, composée alors de huit ou dix mille hommes, parfaitement armés, équipés, régulièrement soldés, et maîtres de la plus grande partie de la Catalogne. Il rejoignit successivement, avec une faible escorte, les différents détachements, battant et poursuivant l'ennemi, quelquefois battu et poursuivi lui-même, obligé à de pénibles retraites, à des marches forcées dans la neige, jusqu'au moment où d'importantes victoires, telles que Berga et Alpens, eussent mis au cœur des républicains une salutaire frayeur.

Les succès de Savalls, de Tristany, excitèrent l'émulation des Navarrais et les firent sortir de l'inaction où ils étaient depuis plusieurs mois. Bien des armes avaient été perdues au printemps, le peu de fonds qu'on avait tenus en réserve se trouvaient dissipés ; le trésor royal comprenait cent dix mille francs en tout. C'est avec ces faibles ressources que Dorregaray, Ollo, Lizarraga, Velasco, commandants généraux des provinces, firent revivre l'insurrection dans le Nord. En attendant le moment où ses défenseurs devaient le voir si souvent s'offrir lui-même en but aux obus républicains, Charles VII avait de nobles paroles pour les encouragsr ; un jour, le commandant Radica lui exposait que ses volontaires n'avaient point de fusils : « L'ennemi en a d'excellents, » répondit le prince, connaissant le chef héroïque auquel il pouvait demander des exploits légendaires. Ces mots furent compris du héros navarrais, et, dans l'espace de quelques mois, la Navarre armait six ou huit mille hommes, uniquement avec des carabines prises aux troupes régulières.

Au mois de janvier, les noyaux de plusieurs bataillons étaient formés, et le soulèvement se dressait menaçant. Le Roi voulut, sans tarder davantage, se mettre lui-même à la tête de ses troupes, mais les chefs lui objectèrent que sa présence deviendrait le signal d'un redoublement d'activité de la part des colonnes amédéistes, en leur indiquant le point où elles devaient frapper ; que les jeunes recrues ne présentant encore que peu de solidité, on s'exposerait à un désastre ; ils préféraient, ajoutaient-ils, résigner leurs commandements plutôt que d'assumer une pareille responsabilité. Ces généraux assuraient, d'ailleurs, que, sous peu, ils disposeraient d'une armée suffisante pour recevoir Charles VII et prendre l'offensive. Le Roi céda à leurs instances, et attendit, avec impatience, le moment où son séjour en Espagne ne serait plus une entrave pour ses défenseurs.

Le trône d'Amédée croula le mois suivant : le ministère Zorilla ayant donné un commandement au général Hidalgo, officier d'artillerie qui, mal vu de ses chefs, avait déjà trouvé, grâce à la politique, un avancement scandaleux, les membres du corps de l'artillerie, au nombre de six cents, envoyèrent en masse leur démission. Amédée, effrayé de se voir abandonné par la portion la plus éclairée et la mieux disciplinée de l'armée, voulut revenir sur la nomination d'Hidalgo ; mais Zorilla avait joué son maître en allant demander d'avance un vote de confiance aux Cortès. Le roi constitutionnel, sentant le terrain se dérober sous lui, abdiqua le jour même, malgré les efforts de son père, et quitta précipitamment Madrid, sans laisser à sa femme, en couches, le temps de se remettre.

Don Carlos, dans une proclamation, félicita ses volontaires d'avoir amené cette fuite, leur rappelant qu'ils avaient encore à expulser la Révolution et l'impiété, plus funestes et plus étrangères en Espagne que la dynastie savoisienne.

Au mépris de leurs théories et de leurs récentes déclamations contre l'esclavage militaire et les légions prétoriennes, les nouveaux ministres s'empressèrent, non-seulement de maintenir l'armée permanente sur le même pied que leurs devanciers, mais encore d'en augmenter l'effectif pour assurer leur autorité et continuer la guerre contre les carlistes. Ils essayèrent bien de lever des volontaires à prix d'argent ; ils en obtinrent douze cents au lieu de cinquante mille qu'ils demandaient ; le seul résultat pratique de cette tentative fut d'exciter la convoitise des soldats, qui exigèrent, eux aussi, la haute-paie de huit réaux par jour (2 fr. 8 c.).

Castelar, Py y Margal, Figueras ne furent pas plus fidèles à leur programme politique : de *fédéralistes*, ils devinrent subitement *unitaires* en arrivant au pouvoir, et prétendirent faire respecter leurs caprices de toute la nation. Les *députations provinciales*, les *ayuntamientos* des grandes villes ayant sommé vainement les anciens tribuns d'exécuter le mandat de leurs électeurs, le pays tomba dans l'anarchie. La *Commune*, avec son sinistre cortége, s'installa dans plusieurs provinces : Alcoy, Malaga, Valence, Grenade furent livrées au massacre ou au pillage. Le gouvenement central n'obtint la tranquillité qu'en accordant aux *cantonalistes* non-seulement l'impunité, mais encore toutes les licences qu'ils réclamaient, se contentant de faire reconnaître nominalement son autorité. Ces insurrections, alimentées par les fureurs et les convoitises de la populace, sont toujours au moment de renaître de leurs cendres ; Carthagène, soutenue par les meilleurs bâtiments de la flotte espagnole, a résisté jusqu'à la fin de 1873 aux efforts combinés des maîtres de Madrid.

A la faveur de ces puissantes diversions, de la répulsion et des craintes que ce régime inspirait aux conservateurs, le carlisme grandit rapidement ; de nombreux officiers de toutes armes vinrent offrir leur épée à Charles VII, qui put confier à des hommes spéciaux les différentes parties du service. Dans les districts soulevés, les républicains se bornèrent bientôt à garder les villes en s'y fortifiant, et n'osèrent plus traverser les campagnes que par fortes colonnes. Cependant, le général Elio, envoyé en Navarre par Don Carlos afin de juger sur place la situation, supplia encore le prince d'ajourner son entrée en Espagne, les volontaires étant obligés parfois de se diviser en petits détachements et de refuser le combat.

La reine Marguerite vint rejoindre ses enfants à Genève au mois de mars 1873 ; elle conservait au Bocage, depuis l'année précédente, un canon de petit calibre donné par des légitimistes de Nantes, et qu'on n'avait pu utiliser en Espagne, vu la difficulté de lui faire traverser la France. On voulut, cette fois, tenter de l'expédier, et on l'emballa en le dissimulant le mieux possible. La loi suisse permettant la fabrication et la détention des armes de guerre, le danger ne devait commencer qu'à la frontière française. Il en fut autrement : la police de Genève, prévenue par un ouvrier, fit une perquisition chez la reine, alors absente, enferma au secret dans la prison de la ville le gentilhomme chef de sa maison, et saisit la pièce d'artillerie, en violation de la législation nationale. Le Conseil fédéral, approuvant la conduite odieuse et illégale des autorités locales, expulsa des cantons de l'ouest et du sud la duchesse de Madrid, qui abandonna alors définitivement la Suisse à la fin d'avril et se rendit à Paris, après avoir signé une protestation pleine de dignité contre la mesure dont elle était l'objet.

Les événements du 24 mai 1873, en élevant au pouvoir le Maréchal de Mac-Mahon, amenèrent quelque modification dans la conduite du gouvernement français vis-à-vis des carlistes. Sans leur être plus favorable au point de vue politique et militaire, l'administration renonça aux nombreuses et inutiles vexations qu'elle exerçait contre eux. Si la circulation des armes, des munitions, des uniformes même, fut interdite avec autant de rigueur que par le passé, les émigrés espagnols de toute opinion purent résider en France sans être inquiétés.

Profitant du nouvel état de choses, la Duchesse de Madrid

se rapprocha des Pyrénées et s'établit, près de Bordeaux, au château de Tartifume, mis à sa disposition par la baronne de Curzay, sœur de M. de Carayon-Latour, député de la Gironde.

XIV.

Avant de prendre le commandement de ses soldats, Don Carlos fut obligé d'user de rigueur contre un des chefs, et de montrer, par un exemple éclatant, que personne, dans l'armée royale ne peut se soustraire aux règles de la discipline et de la hiérarchie.

L'abbé Santa-Cruz, sans avoir reçu du Roi aucune mission, avait rendu, dès le mois de décembre 1872, des services signalés, en se mettant le premier, dans le Guipuzcoa, à la tête d'une bande de partisans. Plein de courage, il méprisait les menaces des républicains, qui avaient mis sa tête à prix ; mais son caractère fougueux le portait aussi à méconnaître les ordres des généraux du Roi ; il fut bientôt égaré par l'ambition du commandement supérieur. S'il devint la terreur des libéraux, il n'épargna malheureusement pas toujours les carlistes. Les journaux se sont plu à imaginer et à multiplier les traits de férocité attribués au fameux *guerillero* ; il faut le dire pourtant, il commit des exactions, s'arrogea le droit de juger et de fusiller plusieurs personnes, en vint à confisquer et à briser des armes destinées aux autres corps de volontaires, et finit par se saisir d'un officier que le Roi avait envoyé vers lui. Après avoir vainement essayé, par deux lettres pleines d'indulgence, de ramener l'abbé Santa-Cruz au devoir, le Roi le fit cerner, à Vera, par les troupes du marquis de Valdespina, le fit désarmer, lui et sa garde, l'expulsa d'Espagne, et répartit dans différents bataillons les compagnies qu'il avait formées.

Le général Elio prit, au mois de juin, le commandement des

quatre provinces du Nord, exercé jusque-la par Dorregaray. Les carlistes commençaient, à travers toutes espèces
de difficultés et de périls, à débarquer huit ou dix mille
fusils sur les côtes du Guipuzcoa et de la Biscaye. L'Infant
Don Alphonse et le général Savalls remportaient la victoire
d'Alpens, qui livrait à l'armée royale la majeure partie de la
Catalogne, et où fut tué le brigadier Cabrinety, l'un des plus
dangereux ennemis des carlistes. Les bataillons de la Navarre,
du Guipuzcoa, de la Biscaye, animés par leurs récents succès
de Monréal, d'Eraul, de Lecumberri, présentaient un effectif
de douze à quinze mille hommes. Malgré l'avis de ses généraux, qui, tous, à l'exception de Lizarraga, lui conseillaient
de différer encore son arrivée, Charles VII jugea le moment
venu de partager les dangers de ses soldats : il entra solennellement en Espagne le 16 juillet 1873, par la *Venta de Ar-
riba* et *Zugarramurdi*, où le général Lizarraga était venu le
recevoir avec trois mille Guipuzcoans. Dans un manifeste daté
de ce jour, Don Carlos proclamait qu'il ne pouvait rester
éloigné plus longtemps de la lutte soutenue héroïquement par
ses volontaires. « J'avais espéré, disait-il, qu'une partie, au
moins, de l'armée espagnole se rallierait à moi, mais, puisque
cette armée méconnaît l'appel du fils de ses rois, je la combat-
trai énergiquement et je la vaincrai, avec l'aide de Dieu ! »

En même temps, comme pour faire entendre les paroles
d'un père à côté du langage d'un maître, il octroyait, avec la
liberté, une gratification aux nombreux prisonniers retenus
dans le village.

XV.

C'est sur la terre de sa chère Espagne, au milieu de ses soldats, que nous laisserons le jeune souverain. A d'autres appartient l'honneur d'écrire les annales de cette glorieuse guerre et de retracer des actions auxquelles ils auront pris part. Le bruit du canon a, d'ailleurs, réveillé l'Europe, et tous les regards se tournent vers la Péninsule Ibérique pour suivre avec une attention inquiète les phases de la lutte. Don Carlos sait tenir lui-même la plume d'une main royale; mais ce qu'il veut, avant tout, c'est écrire l'histoire avec la pointe de son épée sur tous les champs de bataille. Il donnait l'exemple de la vaillance à ses vaillants volontaires devant Ibero, Estella, Dicastillo, Viana. Aussi brave et plus heureux qu'à Oroquieta, on le vit, pendant trois journées à Montejurra, pendant deux à Somorrostro, se venger noblement de Morionès, et montrer à Serrano, dans les sanglantes batailles des 25, 26, et 27 mars, qu'en présence du roi il n'y a ni trahison, ni convénio à espérer pour le possesseur éphémère de Madrid.

La retraite des carlistes de leurs positions autour de Bilbao a fourni aux populations du Nord une nouvelle occasion d'exprimer au Roi leur résolution inébranlable de sacrifier à sa cause jusqu'à leur dernier écu, jusqu'à leur dernier homme. « Si les libéraux envahissent de nouveau nos provinces, s'écrient-ils avec un sombre enthousiasme, c'est que tous les Navarrais, tous les Basques seront morts en leur disputant le passage! » Un pareil désastre n'est pas à craindre : les jeunes soldats carlistes, après quatre mois d'épreuves et de combats victorieux dans les tranchées de Somorrostro, sont devenus de vieilles troupes; les fabriques construisent maintenant jour et nuit le matériel de guerre qui manque; bientôt les bataillons

4.

royaux prendront l'offensive et délogeront l'ennemi des fortifications où il s'abrite pour choisir à son gré le moment d'attaquer. Il a fallu aux républicains quatre mois, cinquante mille hommes et cent canons pour percer les lignes du maréchal Elio. Que l'armée de Charles VII s'accroisse cette année autant que l'année dernière, elle ira planter ses drapeaux sur Madrid et sur Cadix.

Limité par des réserves de haute convenance, nous avons dû indiquer seulement quelques-uns des sujets d'étude et de méditation du prince, esquisser les événements principaux d'une vie à peine commencée et déjà si remplie pour l'histoire. Nous avons vu Charles de Bourbon, écoutant avec amour toutes les voix qui lui parlaient de la patrie, apprendre chaque jour son métier de roi, chercher parmi les nations amies des auxiliaires, des subsides, pour aider les royalistes à supporter les charges de la guerre ; enfin, s'assurer bientôt qu'il ne devait compter que sur Dieu et sur ses volontaires. Sa constance a fait sortir de terre une armée et triomphé d'obstacles sans cesse renaissants ; par tout ce que Don Carlos a créé dans l'espace de cinq ans, sans autre façon que son caractère ferme et généreux, on peut juger des grandes choses qu'il accomplirait s'il possédait un trône. Et, pendant qu'il commande au champ d'honneur, la Reine, ne songeant qu'au soulagement des victimes de la guerre, transforme sa maison de Pau en un dépôt d'ambulances pour les combattants des deux camps, en un hôpital où elle panse elle-même les blessures des soldats carlistes. C'est en acquérant chaque jour de nouveaux titres à la reconnaissance de ses sujets qu'elle attend le moment d'entrer elle-même en Espagne, où l'appellent déjà les acclamations et les bénédictions populaires.

On a parlé beaucoup de la reconnaissance des carlistes par les puissances étrangères ; sans doute cette formalité diplomatique serait accueillie par Charles VII avec une vive satisfaction, mais elle ne lui est pas indispensable ; il ne s'abaissera pas à la solliciter. Reçu à la frontière, le 2 mai 1872, par dix-huit hommes armés de bâtons, il commande, aujourd'hui, à quatre-vingt mille soldats, il étend, de fait, son autorité sur près de deux millions de sujets. Si les nations voisines, par leur indifférence ou leur hostilité, avaient pu étouffer le soulèvement carliste, c'est à l'origine qu'elles y seraient parvenues. L'astre de Charles VII se lève au sud de l'Europe, qu'il embrasera peut-être un jour de ses rayons, et le prince peut s'écrier dès à présent comme Napoléon : Aveugles ceux qui ne le voient pas!

Mai 1874

LETTRE DE S. M. CHARLES VII

A SON FRÈRE DON ALPHONSE, A ROME

(octobre 1868)

Mon cher Alphonse,

Les brochures et les journaux ont fait connaître suffisam
ment à l'Espagne mes sentiments d'homme et de roi. Cependant, cédant au désir général dont on m'envoie l'expression
de tous les points de la Péninsule, je t'écris cette lettre, dans
laquelle je ne m'adresse pas seulement à mon frère bien-
aimé, mais encore à tous les Espagnols, qui sont aussi mes
frères.

Je ne puis, mon cher Alphonse, me présenter à l'Espagne
comme un prétendant à la couronne; je crois et je dois croire
qu'une loi inviolable a déjà placé le diadème sur mon front.
Je suis né avec un droit qui, l'heure venue, m'impose une obli-
gation sacrée; mon plus ardent désir est de voir sanctionner ce
droit par l'amour de mon peuple, mon devoir est de sauver
mon pays, ou de mourir pour lui après lui avoir consacré toutes
mes pensées et toutes mes forces.

Dire que j'aspire à être le roi de l'Espagne et non le roi
d'un parti serait une banalité : quel homme digne de régner
voudrait accepter une semblable position? Ce serait s'abaisser,
et descendre de la haute et sereine région où habite la majesté
souveraine et où ne peuvent atteindre les passions et les inté-

rêts personnels. Voulant être roi de tous les Espagnols, je ne
rejette pas même ceux qui se disent mes ennemis. Je les appelle, en commençant par ceux qui paraissent les plus égarés,
je les appelle affectueusement au nom de la patrie. Si je n'ai
pas besoin de tous pour monter sur le trône de mes ancêtres,
le concours de tous m'est nécessaire pour fonder sur des bases
solides et inébranlables le gouvernement de l'État et donner,
avec une paix féconde, la véritable liberté à mon Espagne
bien-aimée.

Lorque je considère le chemin à parcourir pour atteindre
ce noble but, la grandeur du travail me remplit de crainte.
Malgré mon ardent désir de l'entreprendre, et ma ferme volonté de le mener à bien, je ne m'en dissimule pas les immenses
difficultés, difficultés qui seraient absolument invincibles sans
les conseils des vétérans de nos luttes nationales, sans le
concours, par dessus tout, du pays, réunissant sincèrement
dans ses Cortès toutes ses forces vives, toute sa puissance
conservatrice. Avec l'aide de Cortès ainsi composées, je donnerai à la Nation une loi fondamentale que j'espère devoir être
définitive et véritablement espagnole, comme je l'ai dit dans
ma lettre aux souverains de l'Europe.

Nous avons étudié ensemble l'histoire moderne ; nous avons
médité sur ces grandes catastrophes qui font l'enseignement
des rois en même temps que l'effroi des nations ; ensemble
nous avons cherché à reconnaître le génie de chaque siècle,
ses œuvres, ses besoins légitimes, ses aspirations naturelles.
L'Espagne ancienne exigeait de grandes réformes ; dans
l'Espagne moderne, nous avons constaté de grands bou-
leversements ; on a beaucoup détruit, on a peu réformé.
Il a péri d'anciennes institutions parmi lesquelles quelques-
unes ne peuvent pas renaître : on a tenté d'en créer de
nouvelles qui meurent avant d'avoir vu le jour ; on a tout
entrepris, il reste presque tout à faire. Il faut s'attaquer à
une œuvre immense de reconstruction sociale et politique,

élever, dans ce pays déchiré, sur des bases dont la solidité soit attestée par les siècles, un édifice grandiose dans lequel tous les intérêts légitimes, toutes les opinions raisonnables auront leur place marquée.

Je ne m'abuse pas en affirmant que l'Espagne a faim et soif de justice; qu'elle sent la nécessité urgente, impérieuse, d'un gouvernement respectable, digne, énergique, et surtout justicier; qu'elle aspire avec ardeur au règne incontesté de la loi à laquelle nous devons être soumis tous, grands et petits.

L'Espagne ne souffre pas qu'on méconnaisse ou qu'on outrage la foi de ses pères; possédant la vérité catholique, elle sait aussi que, pour remplir sa mission divine, elle doit rendre la liberté à l'Église.

Tout en n'oubliant pas que le XIXe siècle est bien différent du XVIe, l'Espagne est résolue à conserver, à tout prix, l'unité catholique, égide de nos lois, de nos gloires, lien béni qui unit tous les Espagnols.

Des actes funestes se sont produits en Espagne à la faveur des tempêtes révolutionnaires; mais ces actes ont été couverts par des concordats auxquels il faut se soumettre.

Le peuple espagnol, instruit par une douloureuse expérience, exige la vérité en tout et veut que son roi soit un roi véritable, et non pas une ombre de roi; que dans les Cortès règnent l'ordre et la paix; que ces chambres soient une réunion de mandataires indépendants et incorruptibles des populations, et non pas des assemblées tumultueuses, stériles, de députés-fonctionnaires ou de députés-solliciteurs divisés en majorité servile et en minorité séditieuse.

Le peuple espagnol aime la décentralisation et l'a toujours aimée. L'esprit révolutionnaire prétend assimiler les provinces basques au reste de l'Espagne; le but que je désire atteindre est, au contraire, que toute la nation jouisse d'un régime intérieur analogue à celui qui fleurit dans ces heureuses et nobles provinces, tout en prévenant les abus possibles.

Mon idée fixe, mon désir constant est de donner à ma chère Espagne cette liberté qu'elle ne connaît que de nom, malgré les déclamations de quelques illusionnés, cette liberté, fille de l'Évangile, qui n'est pas le *libéralisme*, fils de la réforme ; cette liberté, enfin, règne des lois justes et conformes au droit naturel, à la morale divine.

Nous, fils de rois, nous avons appris que le peuple n'appartient pas au prince, que le prince, au contraire, est créé pour le peuple ; qu'un roi doit se faire gloire d'être le père des pauvres, l'appui des faibles, d'être l'homme le plus honoré de son royaume, comme il en est le premier gentilhomme.

Il se présente actuellement en Espagne une grave question, celle des finances. On recule épouvanté en considérant le déficit du trésor espagnol, que toutes les forces productrices du pays ne suffisent pas à combler. La banqueroute semble imminente : si on peut la conjurer, seul, un roi légitime, mû par une volonté inflexible, peut entreprendre cette tâche. Si le pays est pauvre, que tout le monde vive pauvre, à commencer par les ministres et le roi, qui devra se souvenir d'Henri le Maladif. Le roi étant le premier à donner ce grand exemple, tout deviendra facile : supprimer des ministères, des emplois, réduire le nombre des divisions provinciales, encourager l'agriculture, protéger l'industrie en activant le commerce.

Sauver la fortune et le crédit public de l'Espagne est une entreprise gigantesque à laquelle tous doivent travailler, le gouvernement et le pays. Il est indispensable, pendant qu'on fera des prodiges d'économie, que nous nous montrions tous bons Espagnols en appréciant hautement les produits indigènes, en ne demandant à l'importation que les objets utiles. Chez une nation, aujourd'hui au faîte de la puissance, languissait jadis l'industrie, force et richesse principale du pays ; le trésor était obéré, le royaume était appauvri. Du palais royal vint une coutume, qui se répandit rapidement : celle de ne se plus vêtir qu'avec les draps du pays. L'industrie se ranima, et releva les finances avec la prospérité du royaume.

Je crois distinguer le vrai du faux dans certaines théories modernes et je trouve que c'est une erreur d'appliquer à l'Espagne la *liberté du commerce* qui répugne à la France et que repoussent les États-Unis. Il faut, au contraire, protéger efficacement l'industrie nationale : Progresser par la protection, telle doit être notre devise (1).

Je crois, de même, apprécier sainement les points sur lesquels peuvent avoir raison les classes populaires aujourd'hui les plus égarées, en apparence. Je sais ce qu'il y a de spécieux ou de légitime dans leurs aspirations, dans leurs théories, qui ne sont pas des inventions modernes, mais des doctrines anciennes reparaissant à différentes époques. Si on trompe le peuple en lui disant qu'il est roi, il est cependant de toute vérité que la vertu et la science sont la principale distinction ; que le mendiant a droit au respect comme le riche ; que la loi doit garder la chaumière comme le palais. Si les anciennes institutions ne suffisent pas à protéger le pauvre et le faible, il faut en créer de nouvelles : la justice doit être égale pour tous et affermir tous les droits. Un gouvernement doit particulièrement veiller sur les indigents, prendre les mesures d'économie politique et de prévoyance nécessaires pour que les chômages n'atteignent pas ceux qui vivent de leur travail journalier, pour faciliter aux enfants du peuple qui auront reçu de Dieu une intelligence droite et élevée les moyens d'acquérir cette science qui, jointe à la vertu, peut les conduire aux plus hautes dignités de l'État.

La vieille Espagne était aumônière, la Révolution ne l'a pas

---

(1) Cette phrase a été écrite comme une protestation contre ceux qui veulent imposer au monde, au nom de la science et de l'humanité, le libre échange absolu. C'est à chaque province, à chaque industrie qu'il appartient d'étudier et de réclamer du gouvernement central le régime douanier le plus favorable à ses intérêts.

été ; la fraction du peuple qui met son espoir dans la république entrevoit déjà cette vérité, qui se dégagera chaque jour plus clairement des ombres dont on cherche à l'envelopper. Les masses reconnaîtront que la monarchie chrétienne peut faire en leur faveur ce que n'essaieront jamais trois cents petits despotes se querellant dans une assemblée tumultueuse. Les partis ou les chefs de partis aspirent aux honneurs, à la richesse, au pouvoir, tandis qu'un roi chrétien ne demande, pour être heureux, que la prospérité de son peuple et l'amour de ses sujets.

Pénétré de ces idées, de ces sentiments, je reste fidèle aux traditions de l'antique et glorieuse monarchie espagnole et je crois être, en même temps, un homme de mon époque recherchant le progrès.

Je comprends parfaitement l'immense responsabilité que j'assume en acceptant de rétablir les affaires en Espagne ; mais, si nous sortons vainqueurs de ces difficultés, notre gloire sera grande. Je suis soutenu par l'espérance intime qu'avec l'aide de Dieu nous accomplirons une œuvre grandiose ; que la postérité dira que je fus un bon roi, et le peuple espagnol un grand peuple.

Toi, mon frère, qui as le bonheur de servir sous les drapeaux de l'immortel Pie IX, demande-lui, à notre roi spirituel, pour l'Espagne et pour moi, sa bénédiction apostolique.

Que Dieu te garde,

Ton frère affectionné,

CARLOS.

PARIS. — IMP. V. GOUPY, RUE GARANCIÈRE, 5.